westermann

Mensch sein

Udo Lindenberg malt die Zehn Gebote

Herausgegeben von
Jan Woppowa

Erarbeitet von
Michael Fresta, Volker Garske,
Tamara Guggenheim, Lukas Konsek,
Rosa Rappoport und Jan Woppowa

unter Beratung von
Naciye Kamcili-Yildiz und
Lisa-Marina Krüger

Arbeitsmaterialien
für Schule und Gemeinde

Bildnachweis

|Bonifatiuswerk der deutschen Katholiken e.V., Paderborn: Austen, Georg 7. |Bulls Pressedienst GmbH, Frankfurt am Main: Ruthe/Distr. Bulls. 23. |Dörger, Sascha, Mühlheim an der Ruhr: Illustration: Sascha Dörger, Die 10 Gebote, www.zentrum-zehn.de 78. |Kassing, Reinhild, Kassel: 37, 45 50, 46. |KNA - Katholische Nachrichten-Agentur, Bonn: 126. |Lindenberg, Udo: 1, 18, 21, 26, 26, 34, 36, 38, 44, 48, 60, 72, 78, 80, 88, 92, 94, 98, 100, 109, 112, 112, 112, 119, 124, 131, 131. |Spiegel, Egon, Vechta: Matthias 45. |stock.adobe.com, Dublin: laufer 71; Wordley Calvo Stock 57. |The Keith Haring Foundation, New York: Ten Commandments, 1985 © Keith Haring Foundation 78, 78, 78, 78, 78, 78, 78, 78, 78, 78. |toonpool.com, Berlin, Castrop-Rauxel: PETRE 69.

Wir arbeiten sehr sorgfältig daran, für alle verwendeten Abbildungen die Rechteinhaberinnen und Rechteinhaber zu ermitteln. Sollte uns dies im Einzelfall nicht vollständig gelungen sein, werden berechtigte Ansprüche selbstverständlich im Rahmen der üblichen Vereinbarungen abgegolten.

westermann GRUPPE

Druck A[1] / Jahr 2019
Alle Drucke der Serie A sind im Unterricht parallel verwendbar.

Umschlaggestaltung: Detlef Möller, Paderborn, unter Verwendung eines Bildes von Udo Lindenberg
Druck und Bindung: Westermann Druck GmbH, Braunschweig

ISBN 978-3-14-**122825**-0

Inhaltsverzeichnis

Vorwort

„Gegen die Strömung" – Was mich an Udo Lindenberg und seinen Zehn Geboten bewegt

„Normale Sache war […] nie Dein Ding. Es ging immer um Veränderung bei Dir und dass es gut ist und nicht schlecht, wenn die Dinge in Bewegung geraten und etwas Neues entsteht." (Thomas Hüetlin über Udo Lindenberg)[1]

Der „Sonderzug nach Pankow" war mir bereits seit Jahrzehnten bekannt. Dann kam es beim XX. Weltjugendtag 2005 in Köln – ich war damals im Leitungsteam des Weltjugendtages und u. a. mit dem Kulturprogramm des WJT betraut – zu einer ersten Begegnung mit Udo Lindenberg und seiner für mich immer neu ansprechenden Interpretation der Zehn Gebote. Diese Arbeit hat mich schon damals berührt, weil es eine sehr zeitgemäße und konkrete Darstellung des Dekalogs und seiner universalen Bedeutung ist. Die Zehn Gebote sind eine *Charta der Menschenrechte*, die die Beziehung von Gott zu uns Menschen ins Wort fassen und das Zusammenleben der Menschen untereinander erleichtern. Sie sind gerade in unseren Zeiten brandaktuell.

Für Christen sind die Zehn Gebote Wegzeichen und Orientierungsmarken, also auch zugleich Lebenshilfe. Wie kaum ein anderer versteht es der *Panikrocker* Udo Lindenberg, die Aktualität dieser Wegweisungen auch in Hinblick auf unsere ganz individuelle Lebensgestaltung herauszustellen: leicht zugänglich, nicht staubtrocken, ohne den erhobenen Zeigefinger, mit sehr viel Humor und zugleich in einer mich immer wieder beeindruckenden Weise. Das hat mich unmittelbar angesprochen. Besonders originell und genial fand ich von Anfang an die Bilder „Du sollst nicht stehlen" (mit der leergeräumten Leinwand) und „Du sollst nicht falsch Zeugnis reden" (mit der Schlange, die aus dem eigenen Mund kommt und den anderen förmlich erwürgt).

Was mich persönlich immer wieder anrührt, ist die Tatsache, dass Udo Lindenberg mit dem Malen begann, als er sich selbst in einer großen persönlichen Krise befand. In einer Zeit, da die *Bild am Sonntag* besorgt titulierte: „Säuft sich Udo Lindenberg zu Tode?", befasste er sich auf seine Weise und intensiv mit dem, was unser Leben eigentlich ausmacht. Das hatte er natürlich auch in seinen Liedtexten schon immer getan. Aber das Malen war und ist für ihn zugleich eine Art Selbsttherapie. Trotzdem verstand und versteht Udo seine „Comicmännchen" nicht als die ganz große Kunst. Sein bereits verstorbener Bruder Erich ist der wahre Bildkünstler in seinen Augen und spielt mit seinen abstrakten und dunklen Bildern seiner Meinung nach in einer ganz anderen Liga.

Seine eigenen Arbeiten, besonders „Udos Zehn Gebote", wurden sehr schnell auch zu einem kommerziellen Erfolg. Und Udo avancierte zu einem sehr angesehenen Comiczeichner und Maler, dessen Bilder sich gut verkauften. In vielen Nächten malte er in seinem Zimmer im Hamburger *Hotel Atlantic* und dieses Malen hielt ihn in der schlimmen Zeit am Leben. Ich finde, dass dies in jedem der Bilder sehr deutlich zum Ausdruck kommt. Sie sind mit so viel Herzblut gemalt!

Udo war und ist für mich immer ein Mann mit einer Botschaft. Ihm geht es als Musiker, Maler und Entertainer um die stets bedrohte Menschlichkeit des Menschen, darum, dass wir hinter unseren Möglichkeiten zurückbleiben, wenn wir nur einfach stromlinienförmig tun, was auch alle anderen machen und dabei manchmal zu „Nummernfuzzies" verkommen. Ihm geht es um die Erfahrung von Zuneigung, Nächstenliebe, Freundschaft, Gerechtigkeit und Mitleid, gerade mit den Schwächsten in der Gesellschaft. Um die Suche nach dem wahren Leben also. Das macht mir Udo so sympathisch und nahbar, dass er ein radikaler Humanist ist, ein großer Kümmerer, der an das Gute glaubt und nicht um den heißen Brei herumredet, wenn es um Missstände geht. Und da kann ich mich als Christ sehr gut mit ihm treffen.

---

[1] Udo Lindenberg mit Thomas Hüetlin. Köln: Kiepenheuer & Witsch 2018

Im Jahr 2017 gelang es dem *Bonifatiuswerk* erstmals, „Udos Zehn Gebote" gemeinsam mit dem Hamburger Kiezpfarrer Karl Schultz in Paderborn in der Gaukirche St. Ulrich zu präsentieren. Während des Paderborner Liborifestes haben mehr als 47 000 Besucher diese Ausstellung gesehen. „Ich freue mich gigantisch, dass die Ausstellung so gut läuft", hat mir Udo Lindenberg seinerzeit sehr bewegt gesagt.
Die Ausstellung hat viele Menschen aller Generationen angesprochen. Einerseits haben „Udos Zehn Gebote" das Interesse an der Person Udo Lindenberg neu gezeigt, andererseits aber auch die Aktualität der Gebote Gottes als ein Angebot, in Freiheit und Verantwortung friedlich miteinander umzugehen. Parallel zur Ausstellung wurde diese Aktualität und Universalität mit namhaften christlichen, jüdischen und muslimischen Theologen, Politikern und Kulturwissenschaftlern in gut besuchten Foren und Vorträgen reflektiert. Sie fand also nicht in einem luftleeren Raum statt, sondern wurde intellektuell redlich und anspruchsvoll eingebettet in eine Vielzahl von wissenschaftlich, politisch und auch pastoral verankerten Veranstaltungen. Ich selber hatte noch nie erlebt, dass hier in Paderborn so intensiv über die Zehn Gebote als *An-Gebote für das Leben* gesprochen wurde. Udo hatte gezeigt, wie aktuell, brisant und notwendig sie auch heute noch sind. So mancher Besucher war von der Tiefe und Relevanz der Arbeiten mehr als überrascht und auch Lindenbergs Engagement für Menschenwürde und Menschenrechte war vielen zuvor völlig unbekannt. Mit dem Erlös aus der Ausstellung unterstützte das *Bonifatiuswerk* gemeinsam mit dem Künstler das Wohnhaus *Johanna* in Hamburg, eine Jugendhilfeeinrichtung für junge psychisch kranke Frauen. Eine Summe von 24 000 Euro kam damals zusammen.
Eine noch größere Resonanz erzielte die Ausstellung 2018 beim 101. Katholikentag in Münster in der Liebfrauen-Überwasserkirche. An 14 Tagen besuchten 58 000 Menschen eintrittsfrei die Präsentation und ließen sich berühren von den eindrucksvollen Texten und Bildern. Das *Bonifatiuswerk* als Organisator hatte die Besucher gemeinsam mit Udo Lindenberg um eine Spende gebeten. So konnten 30 000 Euro für die Vereine *ArcheMED – Ärzte für Kinder in Not, Herzkranke Kinder* und für die Bildungseinrichtung *JACK* für schutzbedürftige Frauen in Berlin gesammelt werden.

Warum ist für uns als *Bonifatiuswerk* die Zusammenarbeit mit einem populären Künstler – und man kann sicher sagen: mit einem Star wie Udo Lindenberg – so wichtig? Das *Bonifa-*

tiuswerk ist ein Hilfswerk für den Glauben und die Glaubensbildung. Wir wollen mithelfen, den christlichen Glauben in unserem Land und weit darüber hinaus gerade für junge Menschen wieder bekannter, ansprechender und berührender zu machen. Deshalb suchen wir immer wieder nach Wegen, diesen Glauben auch Anders- und Nichtgläubigen leicht zugänglich zu machen und zugleich nicht einfach nur billig anzubieten. Dabei unterstützen uns auch Künstler, Schauspieler und sogenannte Prominente. Denn diese Personen haben oft einen ganz besonderen und unmittelbaren Zugang zu den großen und existenziellen Themen unseres Lebens und Glaubens. Besonders gilt das durchgängig für Maite Kelly und Michael Patrick Kelly. Aber auch Schauspieler/innen, Autor/innen und Moderator/innen wie Christine Urspruch, Suzanne von Borsody, Ralph Caspers, Armin Maiwald, Paul Maar, Willi Weitzel, Jutta Speidel, Hardy Krüger jr. oder Klaus Töpfer engagierten sich schon ehrenamtlich für unsere Arbeit. Dass Udo Lindenberg uns so sehr mit seinen Bildern und Gedanken unterstützt, ist für das *Bonifatiuswerk* eine besonders große Freude und Ehre. Dafür sind wir ihm dankbar, und auch deshalb wünschen wir diesem Buch eine größtmögliche Verbreitung. Denn die Botschaft von „Udos Zehn Geboten" ist gerade für Jugendliche und junge Erwachsene von größter Relevanz.

Ich danke allen, die an diesem Buch mitgewirkt haben, besonders dem Herausgeber, Herrn Prof. Dr. Jan Woppowa von der Universität Paderborn und seinem Autoren- und Expertenteam, Frau Christiane Voßhans-Schöningh und Frau Anja Berkemeier aus der Westermann Gruppe und Herrn Matthias Micheel vom Diözesan-Bonifatiuswerk Paderborn. Ein herzlicher Dank gilt nicht zuletzt dem Kurator der Ausstellungen zu den Bildwerken Udo Lindenbergs, Herrn Manfred Besser.

Georg Austen, Generalsekretär des Bonifatiuswerks der deutschen Katholiken e. V.

Mensch sein: ein Programm in Bild und Text – zur Einführung

Mensch sein – mit diesem Begriff werden die Bilder des von Udo Lindenberg gemalten Dekalog-Zyklus in diesem Band zusammengefasst und auf ein inhaltliches Zentrum bezogen. *Mensch sein* – ein Begriff, der zugleich auch Statement und Programm ist. Denn gerade aus heutiger Sicht stellt der Dekalog nicht irgendein aus der Antike überliefertes Regelwerk dar, das lediglich eine kleinere oder größere Schar von Gottesgläubigen zu befolgen hätte. Vielmehr ist er über seine wesentliche Verankerung in Judentum und Christentum hinaus, zumindest in den sogenannten Sozialgeboten, längst zum allgemeinen Kulturgut geworden und trägt eine hohe universale Relevanz für das Zusammenleben der Menschen. *Mensch sein* – das ist der Anspruch der Zehn Gebote, die der „Bewahrung der Freiheit" (Frank Crüsemann) dienen und bis heute über ihren frühjüdischen Entstehungskontext hinaus auch im übertragenen Sinn als „Anweisungen für das Land der Freiheit" (Fulbert Steffensky) gelesen werden können. Das heißt, es geht in den Zehn Geboten um das Programm einer Freiheit zur Menschwerdung, in der die und der Einzelne sie bzw. er selbst, Mensch und Person sein kann.

1. Udo Lindenbergs Dekalog-Zyklus

Dass ein Künstler wie Udo Lindenberg die Zehn Gebote ins Bild setzt, ist zunächst ungewöhnlich. Zwar ist er seit Mitte der 1990er-Jahre auch als bildender Künstler aktiv (Das Lindenwerk 2008), aber den meisten Zeitgenossen wohl nach wie vor eher als der *Panikrocker* bekannt.[1] Darüber hinaus ist sein Œuvre keinem traditionellen Wertesystem institutionalisierter Glaubensgemeinschaften zuzuordnen. Der Künstler Markus Lüpertz hat in einer Rede zur Ausstellungseröffnung im *Erotic Art Museum Hamburg* 1996 seinen Freund Lindenberg in dieser Doppelrolle treffend charakterisiert: „Der Sänger zeichnet, der Maler singt/Unruhe herrscht im Olymp/Ist Udo dabei" (Das Lindenwerk 2008, 40). Vielleicht ist es gerade dieser implizite Überraschungsmoment beim Betrachten seiner Bilder, der seinen Dekalog – erstmals 2002 in der Hamburger Hauptkirche *Sankt Jacobi* öffentlich ausgestellt – so interessant macht. Denn die Einzelbilder eröffnen auf je eigene Weise viele Möglichkeiten, mit den „Zehn Worten" – so die ursprüngliche Bezeichnung in der hebräisch-jüdischen Tradition – in einen persönlichen Kontakt zu kommen, der gerade nicht durch eine beispielsweise kirchliche Lesegewohnheit verstellt ist. Durch verfremdende oder provozierende Elemente jenseits der etablierten Interpretationen, durch markante Farbgebungen und eigenwillige Illustrationen, manchmal spielerisch-ironisch, werden die Bilder zu aktuellen Gesprächsöffnern und können einen echten Dialog der Betrachterin bzw. des Betrachters mit dem ihnen zugrunde liegenden Text initiieren. Denn manche Textpassage wird gewissermaßen durch das zugeordnete Bild dekonstruiert (z. B. zum sog. Elterngebot[2]), um von den Betrachtern mit einer neuen, gewandelten und aktualisierten Sinngebung gelesen zu werden. In diesem Zusammenhang sagt der Künstler in einem Interview: „Also in einem weiteren Sinne bin ich vielleicht einer, der gerne *alte* Gesetze wegsprengt [...] man muss die Freude am Chaos erst mal haben, damit dann danach wirklich *neue* Gesetzmäßigkeiten gefunden werden können für die Menschheit" (Das Lindenwerk 2008, 31). Selbstverständlich zählt Lindenberg zu diesen „alten Dekorationen der alten Gesellschaft" (ebd.) auch religiöse Institutionen wie die Kirche, was indirekt auch in seinem Dekalog-Zyklus eine Rolle spielt. Auf die Frage, ob seine Bilder aus einer unbewussten Angst heraus inspiriert seien, antwortet Lindenberg:

---

[1] Siehe auch: www.udo-lindenberg.de.
[2] Vgl. dazu Modul 5.

„Ja, in Form dieser Verunsicherung, dass man sich dieser ganzen Dramen bewusst ist, [...] den Katastrophen ständig ins Gesicht sehen, auf diese Weise dann den Homo Panicus entwickeln und gefeit sein vor Gefahren, wenn man eben cool und gleichzeitig knallewach ist, ne? Also eigentlich ist in diesem Sinne die Panik überall mit drin – so ungefähr kann ich mir da Zusammenhänge vorstellen [...] auch die Zehn Gebote, die überdimensionale Gottheit, die einem Angst macht, Kirche und Religion, der Gott mit dem großen Zeigefinger aus'm Hintergrund, und das kleine Menschlein, dem Angst eingejagt wird“ (Das Lindenwerk 2008, 32).[1]

Lindenbergs Dekalog ist gerade deshalb nicht nur für religiös gebundene oder im Glauben beheimatete Menschen geschaffen, sondern für alle, denen die Fragen nach Gott und Welt und nach dem Menschen wichtig sind: Fromme und Zweifelnde, Gläubige und Nichtgläubige, Religionsferne und Kirchenkritiker, Juden, Christen und Muslime, Atheisten und Religionslose, Fragende und Suchende ..., denn alle sind gleichermaßen herausgefordert von den Aufgaben und Problemen, die in der Welt begegnen und von denen einige der Dekalog wie durch ein Brennglas in den Blick nimmt. Das mag auch die eigentliche Motivation Lindenbergs zur Erstellung dieses Bilderzyklus gewesen sein. Denn auf eine entsprechende Nachfrage antwortet der Künstler dem Herausgeber dieses Bandes, dass sein Interesse den sogenannten *Wertewelten* gilt, von der Charta der Vereinten Nationen über das Grundgesetz der Bundesrepublik Deutschland bis hin zu den Zehn Geboten der Bibel. Dabei bezeichnet er die verfassungsmäßig garantierte Religionsfreiheit (Art. 4 GG) als „ein großes Plus in unserer Gesellschaft [...] das war nicht immer so“[2] und macht damit noch einmal mehr deutlich, dass es ihm in erster Linie um den politischen, sozialen und religiösen Frieden in unserer Gesellschaft geht.[3] Religion und Glauben sind für Udo Lindenberg zwar Privatsache, er selbst ist nicht konfessionell oder kirchlich gebunden, aber die damit zusammenhängenden Fragen des Menschseins beschäftigen ihn auch öffentlich:

„Ich interessiere mich natürlich für Religion, nicht, weil ich jeden Tag ‚Halleluja‘ ... und so was alles. Aber ich sehe den religiösen Fanatismus, ich sehe, wie Leute eben nicht ins Gespräch kommen, um sich friedlich abzusprechen auf dem kleinen blauen, zerbrechlichen Planeten, und den Frieden endlich mal hinzukriegen nach all den Jahrhunderten, eine Katastrophe nach der anderen.“ (Zitiert nach: Kleyboldt 2011)
Aus dieser Überzeugung heraus schreibt er im Vorwort zum Ausstellungskatalog anlässlich der Präsentation der Bilder beim Katholikentag 2018 in Münster:
„Wenn man die Nachrichten von heute so anschaut, der totale Horror. Überall Terror und Krieg, Hunger und Armut und eine Natur, die nur so den Bach runtergeht. Die Leute schlagen sich die Köpfe ein und nehmen die Kriege hin, als wären sie Naturgewalten oder von Gott gemacht. [...] Es wird Zeit, dass das Weltgewissen erwacht. Wir sind eine Menschenfamilie und sollten uns alle für das verantwortlich fühlen, was in der Welt passiert. [...] Die Bilder sollen zeigen, wo es wehtut. Aber sie zeigen auch, wie man da rauskommt. Und irgendwann musst Du Dich im Leben entscheiden, ob Du Dich engagierst. Ob Du das lebst, zu dem Du geschaffen bist: Ein Mensch.“ (Udos Zehn Gebote, 5)

Der Mensch mit seinen Grenzen und Möglichkeiten ist für Lindenberg zugleich Ausgangspunkt und Zielperspektive seiner Zehn Gebote, sodass man fragen könnte: Ist für ihn der Dekalog Teil dieses „Weltgewissens“, von dem er spricht? Dessen Erwachen provoziert der Künstler selbst, ruft es im wörtlichen Sinne immer wieder heraus durch sein Werk in Bild, Ton und Text, nicht zuletzt auch durch seine 2000 gestartete Initiative *Rock gegen rechte Gewalt*. Ganz aktuell singt er in dem Song „Wir ziehen in den Frieden (feat. Kids on Stage)“ vom Album „MTV Unplugged 2 – Live vom Atlantik“ (2018), zugleich Titelsong der ARD-Themenwoche zum Thema Gerechtigkeit, vom Weltgewissen und lässt in der Singleversion des

[1] Vgl. dazu insbesondere Modul 2.
[2] in einer E-Mail vom 13.09.2018
[3] Vgl. dazu insbesondere Modul 11.

Songs Kinder ausgewählte Menschenrechtsartikel des Grundgesetzes zitieren. Hier und andernorts werden insgesamt Religion und Glauben zwar nicht unbedingt direkt thematisiert, aber auch nicht ausgespart, insofern man bei genauerem Hinhören in seinen Liedern immer wieder auch Bezüge zur existenziell relevanten *Frage nach Gott* findet – ganz ausdrücklich bspw. in „Gott, wenn es dich gibt" (2000). Nicht zuletzt auch diese Querbezüge machen es interessant und reizvoll, die Bilder Lindenbergs für religiöses Lernen in Schule und Gemeinde zu erschließen und umgekehrt in diesem Erschließungsprozess auch neue Zugänge zu den Zehn Geboten und zu religiösen Fragen des Menschseins zu bekommen.

Der von Udo Lindenberg gemalte Bilderzyklus umfasst zum einen den Prolog sowie fast alle Ge- und Verbote des biblischen Dekalogs und wird andererseits ergänzt durch die Bilder „Krieg der Religionen I", „Krieg der Religionen II" und „Die Menschenfamilie".[1] Auf Grundlage der bestehenden Bildvorlage und den hierin vollzogenen spezifischen Textauslegungen werden in dem vorliegenden Band einzelne Gebote zu inhaltlich übergreifenden Modulen zusammengefasst.[2] Die Einzelbilder sind in Mischtechnik auf Leinwand entstanden und zum Teil Aquarelle (keine sogenannten Likörelle!). Sie zeigen durchgängig eine starke Farbigkeit und die Bildsprache zeugt von hoher Expressivität, erinnert mitunter sogar an den Expressionismus in der bildenden Kunst. Denn auch in den Bildern Lindenbergs lassen Verzerrungen und Überzeichnungen des natürlichen Erscheinungsbildes den wahren Kern des Dargestellten umso deutlicher hervortreten, wobei eigene subjektive Auffassungen des Künstlers, sein Gefühlsleben und sein subjektiver Blick auf die Welt eine maßgebliche und sichtbare Rolle spielen. Eine Mixtur aus starker Farbigkeit zur Erzeugung bestimmter emotionaler Atmosphären, der Verzerrung oder Deformation von Linien und Figuren sowie karikaturistischen Merkmalen verleihen den Bildern Lindenbergs ebenso wie spielerisch-ironische Brechungen und die immer wieder auftretende Selbstdarstellung des Künstlers einen ganz eigenen Stil. Die in den Bildern verwendete Farbgebung und Farbsymbolik kann durchaus im Sinne der Farbikonografie „gelesen" werden, was in den folgenden Modulen und ihren jeweiligen Bilderschließungen im Zusammenführen von Inhalt und Form ersichtlich wird. Dass die Bilder für die eine oder den anderen aus sich selbst heraus eine große Autorität entfalten können, zeigt der folgende Eintrag in das Gästebuch zur Ausstellung „Udos 10 Gebote" in der Pfarrkirche *St. Joseph-Altona* im Januar/Februar 2017: „Ja, Udo, nach deinen Geboten wollen wir leben. Wunderbare Werke die du da gekünstlert hast." Hat der Maler mit seinen Interpretationen der biblischen Vorlage gar eigene Gebote geschaffen? Manch einer der Betrachter scheint von ihnen, ihrer zum Ausdruck gebrachten Gefühlswelt und ihrem expressiven Charakter in besonders nachhaltiger Weise angesprochen zu sein.

2. Der biblische Text

Der Dekalog wird im Alten Testament bzw. in der Tora in zwei Versionen überliefert, die sich in ihren Kontexten, im Wortlaut und in einigen theologischen Pointen unterscheiden. Im ersten Buch Mose, dem Buch *Exodus* (Ex 20,2–17), nach jüdischer Lesart *Schemot* (Namen), wird der Dekalog als ein zentrales Element in die Exoduserzählung von der Befreiung des Volkes Israel aus der ägyptischen Knechtschaft eingewoben und als mündliche Mitteilung JHWHs an Moses und das Volk im Rahmen der Sinaioffenbarung und des Bundesschlusses geschildert. Demgegenüber ist seine Wiederholung im fünften Buch Mose *Deuteronomium* (Dtn 5,6–21) bzw. *Debarim* (Worte) weniger erzählend angelegt und eingebunden in die Abschiedsrede Mose an das Volk: „Alt geworden, versammelt Moses das Volk um sich. In einer langen Rede legt er den Israeliten die Liebe zu Gott ans Herz sowie den Gehorsam gegenüber dem in der Wüste geoffenbarten göttlichen Gesetz." (Garske/Lang 2015, 19) Da-

[1] Die zuletzt genannten Bilder sind Bestandteil von Modul 11.

[2] Vgl. dazu Modul 2 und Modul 10.

zu gehören eine größere Sammlung von Weisungen Gottes an sein Volk und an zentraler Stelle wiederum die Zehn Gebote. Die doppelte Erwähnung innerhalb der fünf Bücher Mose macht allein schon ihre besondere Relevanz deutlich.
Für beide Dekalog-Fassungen ist charakteristisch, dass Moses sie zwar mitteilt, dass zugleich aber Gott selbst sie mit einer Selbstvorstellung und persönlichen Anrede an die Israeliten eröffnet: „Ich bin JHWH, dein Gott, der dich aus Ägypten geführt hat, aus dem Sklavenhaus." (Dtn 5,6)[1] Mit der Präambel bzw. dem Prolog werden bereits „entscheidende Vorzeichen" (Schröder 2013, 122) gesetzt: So gelten die Zehn Gebote in ihrem Ursprung nicht als universale Weisung an die Menschheit, sondern sind „Zwiesprache" (ebd.) zwischen Gott und Israel; als freier Souverän befreit JHWH die Israeliten und gibt ihnen Regeln, um mit dieser geschenkten Freiheit auch umgehen zu können; er stiftet einen Bund, in dem Israel zur Bundestreue verpflichtet wird, das heißt den Namen Gottes nicht zu missbrauchen und weder Kultbild (Idolatrie-Verbot) noch andere Götter zu verehren (Monolatrie-Gebot).[2] Der Religionswissenschaftler Jan Assmann spricht deshalb auch von einem „Monotheismus der Treue" (Assmann 2015, 263), der bundestheologisch verankert ist und auf der Rettungstat JHWHs gründet. Das macht auch die Exoduserzählung deutlich, wenn dort die Gabe der Zehn Gebote in den Kontext einer besonderen Gotteserscheinung gestellt wird: Die Anwesenheit Gottes zeigt sich zunächst in Donner und Blitz, Hörnerschall, Rauch und Erdbeben (Ex 19,10–25), bevor es die Stimme Gottes selbst ist, die zum ganzen Volk spricht; alle anderen Gesetze werden den Israeliten durch Moses übermittelt. Dadurch erhalten die Zehn Gebote eine noch höhere Verbindlichkeit und bekommen „den Charakter einer absoluten und ewig geltenden Wahrheit" (Assmann 2015, 256), die auf Offenbarung und transzendenter Autorität beruht und den besonderen Bund zwischen JHWH und Israel bekräftigt.[3]
Hier wird bereits deutlich: Der Dekalog ist „Offenbarungsdichtung" (Garske/Lang 2015, 21), nicht Protokoll oder Bericht. Auf dem Stand der heutigen Forschung gelten Exoduserzählung und Sinaioffenbarung als Legende und Dichtung, in denen sich zwar historische Erinnerungen spiegeln, aus denen sich aber keine historischen Fakten entnehmen lassen. So ist die historische Gestalt des Mose ebenso anzuzweifeln wie der Exodus eines ganzen Volkes aus der ägyptischen Knechtschaft (ungeachtet eines möglicherweise tatsächlich erfolgten Auszugs einiger Hebräer um 1200 v. d. Z.) und die Existenz steinerner Gesetzestafeln. Neuere Datierungen verorten den Dekalog im Judentum der Perserzeit, das heißt in einer Zeit nach dem Verlust einer staatlichen Existenz des biblischen Volkes während der Königszeit und nach dem Babylonischen Exil, in der es darum ging, dem sich neu konstituierenden jüdischen Volk eine Identität und Lebensordnung zu geben. Der alttestamentliche Exeget Bernhard Lang bezeichnet den Dekalog daher als „ein außerordentlich lehrreiches Beispiel für einen Text, der das Leben des Volkes ordnen und religiöse Identität stiften will" (Garske/Lang 2015, 21). Er und andere (bspw. Assmann 2015, 76 f.) datieren die Entstehung des Dekalogs auf ca. 500 v. d. Z.
Der Dekalog ist zentraler Bestandteil der mündlichen und schriftlichen Glaubensüberlieferungen und Interpretationen in Judentum und Christentum von der vorrabbinischen Periode zur Zeit des Zweiten Tempels bis heute. Sogar auch im Islam, näherhin im Koran spielen einzelne Gebote eine hervorgehobene Rolle.[4] Die unterschiedlichen religiösen und konfessionellen Traditionen orientieren sich allerdings entweder an der Exodus- oder an der Deuteronomium-Fassung. Obwohl sich nirgendwo im Alten Testament eine eindeutige Verteilung der Sätze aus Exodus bzw. Deuteronomium auf zehn Gebote oder sogar auf zwei Tafeln findet (Köckert 2007), haben sich in den Traditionen von Judentum und Christentum unterschiedliche Zählweisen herausgebildet. So beruft sich das *rabbinische Judentum*

---

1 Im vorliegenden Band wird auf die von dem alttestamentlichen Exegeten Bernhard Lang erstellte Übersetzung des biblischen Textes zurückgegriffen (vgl. Garske/Lang 2015, 22–24), wobei durchgängig das Tetragramm JHWH für den Gottesnamen verwendet wird.
2 Vgl. die Module 2 und 3.
3 Vgl. dazu auch Modul 1.
4 Vgl. dazu jeweils die islamischen Perspektiven in den Zugängen zum Text.

auf die Exodus-Fassung, zählt den Prolog als erstes Gebot, fasst Fremdgötter- und Bilderverbot als zweites sowie die beiden Begehrensverbote als ein Gebot zusammen. Die so erreichte Zehnzahl wird auf zwei Tafeln aufgeteilt, wobei die erste Tafel mit fünf Geboten das Verhältnis zu Gott ordnet (einschließlich des Elterngebots) und die zweite Tafel das Verhältnis zum Nächsten. Ebenfalls folgen *Griechisch-Orthodoxe, Reformierte* und *Anglikaner* der Exodus-Fassung, ziehen allerdings die Selbstvorstellung Gottes mit dem Fremdgötterverbot als erstes Gebot zusammen und zählen das Bilderverbot als zweites. Die beiden Verbote des Begehrens werden ebenfalls zusammengelegt. Die *römisch-katholische* wie auch die *evangelisch-lutherische* Lesart folgen der Deuteronomium-Fassung. Sie gliedern die Präambel aus, verbinden entweder Fremdgötter- und Bilderverbot zum ersten Gebot (Augustinus) oder streichen das Bilderverbot ganz (Luther), müssen dann jedoch das Begehrensverbot aufteilen, um wiederum die Zehnzahl zu erreichen. Das dritte Gebot (Namen) nach jüdischer, reformierter, anglikanischer und orthodoxer Zählung entspricht also dem zweiten Gebot (Namen) nach katholischer und lutherischer Zählung. Analog entspricht das zehnte Gebot (Begehren) dem neunten Gebot (Begehren: Frau) und zehnten Gebot (Begehren: Haus etc.) nach katholischer und lutherischer Zählung (Köckert 2007; Assmann 2015, 262 f.).[1] Das Christentum hat konsequent das Schabbatgebot als Sonntagsgebot verstanden, denn der „Sonntag tritt als Tag der Auferweckung Jesu an die Stelle des Sabbats, ohne dass dadurch das Gebot als solches entkräftet würde" (Schröder 2013, 124). Zugleich stellt das Schabbatgebot die auffälligste Differenz zwischen den beiden biblischen Textfassungen dar. Denn während in Deuteronomium (Dtn 5,12–15) der Schabbat mit der Befreiung aus der ägyptischen Knechtschaft *befreiungstheologisch* begründet wird, folgt die Exodus-Fassung (Ex 20,8–11) mit dem Bezug auf Gottes Ruhe am siebten Schöpfungstag einer *schöpfungstheologischen* Begründung. Letztere integriert damit die neue Gesellschaft in eine kosmische Ordnung, interpretiert das Ruhen als Nachahmung Gottes (imitatio dei) und Fortsetzung der Schöpfung (Assmann 2015, 267).[2]

3. Jugend und Dekalog

Die Auswertung einer Befragung von Kindern und Jugendlichen (Orth/Schulte/Wiedenroth-Gabler 2008) nach solchen Lebensregeln, die sowohl für sie selbst als auch für alle Menschen gelten sollen, kann zeigen, dass der soziale, zwischenmenschliche Umgang (ehrlich sein, nicht stehlen, andere respektieren etc.) bei ihnen an erster Stelle rangiert, gefolgt von Gewaltfreiheit (nicht töten) und individuellen Bedürfnissen. Wenn man auf Basis dieser Befragung annimmt, dass die meisten Jugendlichen mehr als fünf Gebote des Dekalogs kennen (Orth/Schulte/Wiedenroth-Gabler 2008, 125) – und hier vor allem die Sozialgebote –, dann sollten sich in didaktischer Hinsicht durchaus konstruktive Bezüge zwischen ihren eigenen Lebenswelten und Moralvorstellungen einerseits und den biblischen Texten einschließlich der daran orientierten künstlerischen Werke bzw. Wirkungsgeschichte schaffen lassen. Empirische Jugendstudien können belegen, dass Jugendliche sowohl „ein stabiles und positiv ausgerichtetes Wertesystem [besitzen], das eine deutliche Synthese zwischen sozialer Nahorientierung und Streben nach Unabhängigkeit bzw. Individualität, zwischen Selbstentfaltung und Sekundärtugenden, zwischen Kreativität und Leistung sowie zwischen Lern- und Lebensfreude aufweist" (Stögbauer-Elsner 2018), als auch ein „klares Bedürfnis nach sozialen Regeln" (Stögbauer-Elsner 2018) artikulieren. Zugleich zeigen die Studien allerdings auch, dass ein personaler Gottesglaube schwach ausgeprägt

[1] Bernhard Lang, auf dessen Übersetzung der Deuteronomium-Fassung hier zurückgegriffen wird, folgt allerdings einer eigenen Zählung der Zehn Gebote, die sich eher an der jüdischen Lesart orientiert (Garske/Lang 2015, 24).

[2] Vgl. dazu Modul 4.

ist und hinsichtlich seiner Relevanz für die eigene Lebensgestaltung zunehmend schwindet und einer Orientierung an Familie und Peers weicht. Mit Blick auf die Zehn Gebote und ihren Kontext einer biblischen Offenbarungsdichtung lässt das insgesamt vermuten, „dass für viele Jugendliche die sozialen Weisungen des Dekalogs als verbindliche Gebote gewertet werden, während bei den sich ausdrücklich auf das Verhältnis zu Gott beziehenden Verboten (Fremdgötter-, Kultbild-, Namensmissbrauchsverbot) wohl mit weniger Akzeptanz zu rechnen ist [...] Es ist also von einer säkularen Loslösung derjenigen Gebote auszugehen, die in der katholischen und lutherischen Tradition der zweiten Tafel zugeordnet werden." (Stögbauer-Elsner 2018) Die Vermittlung religiöser Bezüge und theologischer Einsichten wird damit einer entsprechenden Ausgestaltung eines Lernprozesses zu überlassen sein, ebenso wie die Bearbeitung der Tatsache, dass Jugendliche besonders die Perspektive auf ihre eigenen Bedürfnisse einfordern, die in den Zehn Geboten als Richtlinien der Freiheit nur indirekt zum Ausdruck kommt. Die Erarbeitung des Dekalogs muss deshalb in kritischer Auseinandersetzung mit dem Text erfolgen, was durch die gleichzeitige bzw. wechselseitige Erschließung künstlerischer Umsetzungen mindestens bereichert, möglicherweise durch die ihrerseits kritischen Deutungen sogar erleichtert werden kann. Dabei kann sich die Kritik Jugendlicher am biblischen Text auf das im Dekalog zum Ausdruck kommende Gottesbild beziehen (anthropomorph, autoritär, eifersüchtig) oder auch auf das fordernde Handeln Gottes (Exklusivitätsanspruch, Bilderverbot), das mitunter als inkompatibel und untauglich für eine pluralistische Welt- und Gesellschaftsordnung erscheinen kann. In diesem Zusammenhang gilt es, das „Klischee des jähzornigen, unberechenbar strafenden Gottes" zu durchbrechen und für die Jugendlichen die „Grunderfahrung eines befreienden Gottes" (Stögbauer-Elsner 2018) nachvollziehbar werden zu lassen. Auch dieses zentrale Anliegen einer wechselseitig kritisch-produktiven Auseinandersetzung mit dem Dekalog kann durch die Interpretationen, Verfremdungen, Überzeichnungen und Brechungen der Zehn Gebote in den Bildern Udo Lindenbergs gewinnbringend und perspektivenerweiternd unterstützt werden.

Verwendete Literatur

Assmann, Jan (2015), Exodus. Die Revolution der Alten Welt, München

Garske, Volker/Lang, Bernhard (2015), Die Zehn Gebote. Dtn 5,6–21 (Einfach Religion. Interpretationen – Unterrichtsmodell), Paderborn

Kleyboldt, Sabine (2011), Udo und die Religion. Was dem Panikrocker Gott und Glaube bedeuten, www.deutschlandfunk.de/udo-und-die-religion.886.de.html?dram:article_id=127717 (18.04.2019)

Köckert, Matthias (2007), Art. Dekalog/Zehn Gebote (AT), in: Das Wissenschaftliche Bibellexikon im Internet (www.wibilex.de)

Orth, Gottfried/Schulte, Andrea/Wiedenroth-Gabler, Ingrid (2008), Leben im Regenbogen. Der Dekalog – Angebote für Lebensregeln, Leipzig

Schröder, Bernd (2013), Der Dekalog, in: Zimmermann, Mirjam/Zimmermann, Ruben (Hg.), Handbuch Bibeldidaktik, Tübingen, 120 – 126

Stögbauer-Elsner, Eva-Maria (2018), Art. Dekalog, bibeldidaktisch, Sekundarstufe, in: Wissenschaftlich Religionspädagogisches Lexikon im Internet (www.wirelex.de)

Udo Lindenberg – Das Lindenwerk (2008). Malerei in Panikcolor mit ausgewählten Texten, hg. v. Tine Acke, Berlin

Udos Zehn Gebote. Bilder von Udo Lindenberg, hg. v. Bonifatiuswerk der deutschen Katholiken, Paderborn o. J.

Zum didaktischen Ansatz der Multiperspektivität und zum Einsatz in Schule und Gemeinde

Die vorliegenden Module und Arbeitsmaterialien ersetzen selbstverständlich nicht die theologisch basierte Erschließung des Dekalogs und einen darauf aufbauenden Kompetenzerwerb im Rahmen ethischen oder biblischen Lernens. Sie verstehen sich als *multiperspektivisch* angelegte Ergänzung und Vertiefung, angeregt durch eine Auseinandersetzung mit dem künstlerischen Werk Udo Lindenbergs. Die Autorinnen und Autoren möchten dabei auf der einen Seite durch die Bilder einen *Dialog mit dem biblischen Text* (Niehl 2006, 145 - 169) eröffnen. Andererseits wird dadurch aber auch und nicht weniger ein *Dialog mit dem Bild* eröffnet, das angeregt durch den biblischen Ursprungstext zum Bestandteil von dessen Wirkungsgeschichte (Niehl 2006, 155) geworden ist, seinerseits ergänzt durch Songs bzw. Songtexte, Aussagen des Künstlers, aber auch viele weitere Lerngegenstände aus religiöser - insbesondere durchgängig jüdisch, christlich und islamisch akzentuiert -, aus politisch-gesellschaftlicher, ethisch-moralischer oder ästhetischer Perspektive. Die vorliegenden Arbeitsmaterialien verfolgen aus didaktischer Sicht daher einen *multiperspektivischen Ansatz* religiösen Lernens (Woppowa 2018, 185 - 191), in dem biblisches, ethisches und ästhetisches Lernen ebenso zum Tragen kommen wie beispielsweise politisch-gesellschaftliche und ideologiekritische Zugänge. Die hier verfolgte Multiperspektivität hat daher den Anspruch, immer auch anschlussfähig zu sein für eine säkulare Welt- und Lebensdeutung jenseits der etablierten Glaubenstraditionen.

Mit Blick auf die Adressatinnen und Adressaten, *Jugendliche ab dem 14. Lebensjahr und junge Erwachsene*, steht deren selbstständiger Lernprozess hin zum Erwerb einer religiösen, politisch-gesellschaftlichen, sozialen, aber auch ethischen und ästhetischen Urteilskraft im Vordergrund. Denn solche Lernorte wie der Religions- oder Ethikunterricht oder die gemeindliche Jugendarbeit, die einer moralischen Autonomie der Lernenden verpflichtet sind, werden „in Bezug auf den Dekalog keine Wertübernahme einfordern, sondern ihn reflexiv-diskursiv zu erschließen suchen [...] Zielpunkt des Unterrichts ist folglich die ethische Bewusstseinsbildung und die Förderung der ethischen Urteilskraft - angestoßen durch die Zehn Gebote" (Stögbauer-Elsner 2018) - und zugleich, das lässt sich für die hier vorliegende Zusammenstellung ergänzen: angestoßen durch eine besondere künstlerische Umsetzung und Interpretation der Zehn Gebote.

Die vorliegende Zusammenstellung folgt einem *Modulprinzip*, das heißt die je für sich eigenständigen Module behandeln je mindestens ein Gebot bzw. das programmatische Einstiegsbild (Modul 1) sowie drei weitere nicht auf ein bestimmtes Gebot bezogene Zusatzbilder (Modul 11) aus Lindenbergs Dekalog-Zyklus. Das modulartige Vorgehen erleichtert den Einsatz der Unterrichtsideen und Materialien, denn es muss weder eine vollständige Erarbeitung des Dekalogs erfolgen noch müssen alle Bilder aus dem Zyklus berücksichtigt werden. Vielmehr lassen sich auf diese Weise Bilder bzw. Gebote flexibel inhaltsbezogen einsetzen, das heißt sie können auch andere Fragestellungen berühren oder in andere Themenbereiche hinwirken, ergänzend oder vertiefend zum Einsatz kommen oder auch völlig isoliert im Sinne eines unterrichtlichen Exkurses verwendet werden.

Die einzelnen Module folgen jeweils dem folgenden wiederkehrenden Aufbau:

- **Moduleingangsseite:** Originalbild (Titel und Angaben erscheinen beim „Zugang zum Bild")
- **Biblischer Text:** Das dem Bild jeweils zugrunde liegende biblische Gebot wird in der Übersetzung von Bernhard Lang (Garske/Lang 2015) wiedergegeben.
- **Zugang zum Text:** Hier erfolgt eine fachwissenschaftliche komprimierte Erschließung des biblischen Gebots und seines religionshistorischen Kontextes. Dabei spielen theologische Perspektiven aus den drei monotheistischen Religionen Judentum, Christentum und Islam eine Rolle, aber mitunter auch eine bestimmte religiöse Praxis im Kontext des Gebots.

- **Zugang zum Bild:** Das im Zentrum des Moduls stehende Bild wird aus ästhetischer Perspektive erschlossen, das heißt in Form- und Farbgebung, Figuren, Bildaufteilung etc. beschrieben und interpretiert.
- **Didaktisch-methodische Perspektiven:** Einer groben Phasierung von Unterricht folgend (Einstieg, Problemaufwurf, Erarbeitung, Sicherung/Auswertung, Vertiefung/Transfer) werden einerseits didaktisch-methodische Ideen und Impulse vorgestellt, wie mit Text und Bild im Unterricht gearbeitet werden kann, und andererseits die folgenden Arbeitsmaterialien in entsprechende Lernprozesse eingebettet. Dabei werden insbesondere andere Werke des Künstlers vertiefend und erweiternd herangezogen (Songs und Songtexte, Interviews etc.).
- **Verwendete Literatur:** jeweils auf das entsprechende Modul bezogene und dafür verwendete Sekundärliteratur
- **Arbeitsblätter:** Die passgenau zum jeweiligen Modul entwickelten Arbeitsblätter spielen verschiedene Perspektiven in den Lernprozess ein (subjekt- und erfahrungsorientierte, theologische, interreligiöse, politisch-gesellschaftliche, ethische, philosophische, ästhetische, popkulturelle Perspektive etc.).
- **Überblick und Vernetzung:** In der Marginalspalte gliedern Stichworte den Fließtext und die entsprechenden Unterrichtsvorschläge; außerdem werden vereinzelte Vernetzungshinweise (→) in andere Module sowie auf Arbeitsblätter gegeben, sodass ein möglicherweise weiterführender Erarbeitungsprozess initiiert und aufgebaut werden kann.

Nicht zuletzt durch diese modularisierte und dadurch in der Handhabung flexible Anlage eignen sich die didaktisch-methodischen Ideen und Arbeitsmaterialien für den Einsatz in verschiedenen religiösen und nicht religiösen Lernorten, insbesondere in *Schule* (in den Fächern Religion, Philosophie, Ethik, Geschichte, Politik und Kunst) und *Gemeinde* (in Jugendarbeit, Firmkatechese, Konfirmandenunterricht und Erwachsenenbildung). Die Behandlung der Zehn Gebote steht im Zentrum eines an den biblischen Texten orientierten religiösen Lernens und gehört zu den „klassischen Themen" (Schröder 2013, 124) nicht nur des Religionsunterrichts, sondern auch gemeindlicher Lernprozesse. Lindenbergs Dekalog und die vorliegenden Anregungen können dazu beitragen, das Thema *einmal anders* in den Blick zu nehmen und *überraschende, neue Perspektiven* darauf zu werfen. Durch die sowohl religiöse als auch nicht religiöse oder philosophische und gesellschaftliche Perspektivik auf Bild und Text eignen sich die Module auch für ein fächerverbindendes Lernen in der Schule, dabei immer verankert in den an zentraler Stelle stehenden Bildern Lindenbergs.

Eine fach- und lernortübergreifende hermeneutische Schnittmenge liegt im *ästhetischen Lernen*, sofern es umfassend begriffen und den drei klassischen Dimensionen ästhetischer Erfahrung (Hilger 2012) gerecht wird:

- *Ästhetische Wahrnehmungsfähigkeit (aisthesis):* Sinneswahrnehmung, Sensibilisierung der Sinnlichkeit, Irritation von Gewohnheiten der Wahrnehmung, das alltägliche Leben anders und neu wahrnehmen, verlangsamte und aufmerksame Annäherung und Herstellen einer Beziehung zur Welt einschließlich ihrer Fremdheiten und Widersprüche, Vermeidung eines vorschnellen Bescheidwissens – *Die Bilder Lindenbergs irritieren durchaus Sehgewohnheiten oder die gewohnte Lesart der Gebote, sie arbeiten mit Überzeichnungen und Verfremdungen und verlangen daher vom Betrachter eine genaue Wahrnehmung.*
- *Ästhetische Ausdrucks- und Gestaltungsfähigkeit (poiesis):* Ausdruck menschlicher Freiheit und Würde, (inter-)subjektive und kreative An-Verwandlung von Lerngegenständen, individuelle Lebens- und Alltagsgestaltung, Möglichkeiten der neuen Wirklichkeitsgestaltung – *Die Unterrichtsideen und Arbeitsmaterialien integrieren immer wieder auch Lernaufgaben, in denen die Lernenden dazu herausgefordert werden, persönliche Lebenspraxis und Lebenswelten zu reflektieren und sich in kreativer Weise mit Text und Bild auseinanderzusetzen, eigene Bilder oder persönliche Texte zu entwerfen.*

- *Ästhetische Urteilsfähigkeit (katharsis):* Förderung eines kritischen Bewusstseins im Dienst der Freiheit des Subjekts und der universalen Solidarität, Sensibilisierung für Differenz in der kritischen Unterscheidung zwischen Humanem und Inhumanem, Recht und Unrecht, Gut und Schlecht etc., Integration von Rationalität und Aufklärung, Prozesse des Erkennens, Denkens und Deutens, ästhetische Urteils- und Standpunktbildung – *Weil sich Udo Lindenberg auf ausgewählte Wertewelten (UN-Charta, Grundgesetz, Menschenrechte etc.) bezieht und von dort ausgehend die universale Relevanz des Dekalogs in den Blick nimmt, sind seine Bilder immer auch kritische Auseinandersetzungen mit Welt und Gegenwart. Die Betrachter werden geradezu herausgefordert, durch das Provokante oder Spielerisch-Ironische hindurch zu schauen und tiefer liegende Botschaften zu entschlüsseln. Nicht zuletzt wird jede und jeder selbst dabei herausgefordert, eine eigene Position zu beziehen und die „Wegweisungen der Freiheit" (Jan Milič Lochman) kritisch in die eigene Lebenswelt zu übersetzen.*

Verwendete Literatur

Garske, Volker/Lang, Bernhard (2015), Die Zehn Gebote. Dtn 5,6–21 (Einfach Religion. Interpretationen – Unterrichtsmodell), Paderborn

Hilger, Georg ([2]2012), Ästhetisches Lernen, in: Ders./Leimgruber, Stephan/Ziebertz, Hans-Georg, Religionsdidaktik. Ein Leitfaden für Studium, Ausbildung und Beruf, München, 334 – 343

Niehl, Franz W. (2006), Bibel verstehen. Zugänge und Auslegungswege. Impulse für die Praxis der Bibelarbeit, München

Schröder, Bernd (2013), Der Dekalog, in: Zimmermann, Mirjam/Zimmermann, Ruben (Hg.), Handbuch Bibeldidaktik, Tübingen, 120 – 126

Stögbauer-Elsner, Eva-Maria (2018), Art. Dekalog, bibeldidaktisch, Sekundarstufe, in: Wissenschaftlich Religionspädagogisches Lexikon im Internet (www.wirelex.de)

Woppowa, Jan (2018), Religionsdidaktik (Reihe Grundwissen Theologie), Paderborn

Modul 1:

Moses und die Steintafeln

Zugang zum Bild

Abbildung: „Moses", 50 x 65 cm, Mischtechnik auf Papier, 2001

Moses

Das Bild hat eine Person in weißem Gewand als zentrales Motiv. Sie besitzt eine Halbglatze in Verbindung mit schwarzen bis etwa zur Hüfte reichenden Haaren und einem schwarzen langen Vollbart. Dies lässt den Schluss zu, dass es sich hierbei um einen Mann handelt. Die Figur hat eine große Nase und ihre Mimik spiegelt durch nach oben gezogene Mundwinkel Freude wider. Der Blick erhebt sich nach links diagonal nach oben. In die gleiche Richtung streckt die Figur ihre Arme und überproportional großen Hände. Der Titel weist bereits darauf hin: Es handelt sich um den biblischen Moses, der auf dem Berg Sinai die Gesetzestafeln mit den Geboten empfängt.

biblischer Imperativ

Seine Hände greifen nach einem goldfarbenen Gegenstand, der die Form eines Grabsteins aufweist und den Schriftzug „DU SOLLST" trägt. Dieser Imperativ ist ein wiederkehrendes Motiv der Zehn Gebote. Die Farbe Gold ist ein Symbol für Göttlichkeit, sodass davon auszugehen ist, dass es sich bei dem Gegenstand um eine der Steintafeln handelt, die Moses empfängt. Tatsächlich wirkt es so, als halte das Bild den Moment des Empfangs fest. Die Hände greifen nach der Tafel, umschließen diese aber nicht. Eine Berührung findet lediglich mit den Fingern statt, sodass eine Dynamik eines Herabschwebens der goldenen Tafel in Richtung Moses entsteht. Auffällig ist die Disproportionalität der Figur selbst, aber auch das Größenverhältnis zwischen der Figur und der Steintafel. Es stellt sich unweigerlich die Frage, ob die Person die ganze Last dieser Steintafel mit dem Imperativ „DU SOLLST" tragen kann. Symbolisch wird dadurch die Frage in den Raum gestellt, ob die Zehn Gebote für den Menschen tragbar bzw. einhaltbar sind. Gleichzeitig scheint der Imperativ über dem Inhalt der eigentlichen Gebote zu stehen. Der Schriftzug nimmt einen Großteil der Fläche der Steintafel ein. Von den Geboten selbst ist nichts zu sehen. Es wirkt, als könnte Moses jeden Moment unter der Steintafel begraben werden.

Transzendenz/ Immanenz

Ungefähr mittig verläuft eine horizontale geschwungene schwarze Linie durch das Bild, welche das Bild in einen oberen und einen unteren Teil trennt. Oberhalb dieser Linie ist der blaue Hintergrund, der die Unergründlichkeit zur Bedeutung haben kann, durchzogen von schwarzen geschwungenen Schlieren. Zusammen mit der gesamten Pinselführung dieses oberen Teils wird eine Dynamik und der Eindruck von Bewegung erzeugt. Der Hintergrund im unteren Teil hingegen wirkt dadurch statisch und ruhiger. Er ist insgesamt eine Nuance heller. Die Trennung der beiden Sphären von oben und unten symbolisiert Himmel und Erde, Transzendenz und Immanenz, Göttliches und Menschliches. Die Trennung dieser Sphären wird durch die Herabsendung der Steintafel und der Greifbewegung der Figur aufgebrochen: Hier begegnen sich Göttliches und Menschliches.

→ Modul 10
→ AB 9 (Modul 10)

Die Figur steht auf einem grün-braunen rundlichen Objekt, das vor dem Hintergrund der biblischen Erzählung als Berg Sinai gedeutet werden kann. Die Analogien zu Lindenbergs Bild „Dach der Welt" lassen allerdings darauf schließen, dass es sich dabei nicht ausschließlich um den Berg Sinai handeln muss, sondern möglicherweise um den gesamten Erdball. Moses empfängt stellvertretend für die Menschheit die göttlichen Gebote.

Didaktisch-methodische Perspektiven

Einstieg

Das Bild eignet sich in besonderer Weise für den Einstieg in eine Unterrichtsreihe zu den Zehn Geboten. Es setzt kein religiöses Vorwissen voraus, sodass ein induktiver Zugang unter Einbezug der lebensweltlichen Erfahrungen der Schülerinnen und Schüler möglich ist. Ein primär anthropologischer Zugang kann nach der Bedeutung und den subjektiven

Empfindungen in Bezug auf Gebote und Regeln fragen. Gerade bei der Betrachtung des Bildes entsteht der Eindruck, dass die Bedeutung der Worte „DU SOLLST" mit einem Anspruch verbunden ist, dem nachzukommen mitunter sehr schwer sein kann. Die Schülerinnen und Schüler sollen nach einem ersten Deutungsversuch des Bildes ihre persönlichen Alltagserfahrungen und Gefühle mit dem Imperativ „DU SOLLST" beschreiben und beurteilen, welchen Zweck diese Worte erfüllen. Dabei werden nicht wenige von ihnen Beispiele benennen, die ihnen zunächst negativ erscheinen: „Du sollst deine Hausaufgaben erledigen!" – „Du sollst dein Zimmer aufräumen!" – „Du sollst nicht lügen!" etc. Die Schülerinnen und Schüler werden erkennen, dass mit diesen Aufforderungen Ansprüche verbunden sind, denen sie selbst vielleicht nicht immer gerecht werden (können). Wichtig scheint an dieser Stelle auch danach zu fragen, welche Folgen oder Konsequenzen das (Nicht-)Einhalten der Ansprüche auf den Einzelnen oder die Gemeinschaft (Klassenverband, Familie etc.) haben kann. Die Beantwortungen dieser Fragen ermöglicht eine erste Annäherung an die Bedeutung und Funktion von Geboten allgemein. Ihr Einhalten ist jeweils mit einer bestimmten Intention verbunden, ihr Bruch kann vor allem sozial negative Konsequenzen nach sich ziehen.

→ AB 1

Problemaufwurf
→ AB 2

Anschließend setzen sich die Schülerinnen und Schüler mit dem Song „Die Zehn Gebote" der Punkrockband *Die Toten Hosen* auseinander. Der Songtext eignet sich zum einen, die Zehn Gebote chronologisch zu benennen, denn die wenigsten Schülerinnen und Schüler werden dies vermutlich können. Zum anderen ermöglicht er eine erste Beurteilung der Zehn Gebote. Auffällig ist, dass die Toten Hosen in ihrem Song das Bild eines autoritären und strengen Gottes zeichnen. Dies wird besonders durch die Klangfarbe der Stimme, durch harte rhythmische Gitarrenriffs sowie die Aneinanderreihung von Imperativen unterstrichen. Gleichzeitig wirft das lyrische Ich die Fragen nach Angemessenheit und Legitimität der Gebote auf: „glaubst du, ich wäre auch so streng mit dir [...] würdest du die Gebote befolgen, nur wegen mir". Es drängt sich der Eindruck auf, die Gebote seien nicht formuliert worden, um den Menschen zu helfen, sondern um sie zu belasten und als habe Gott sie aus Selbstgefälligkeit zu den Menschen gesandt. In diesem Zusammenhang sollen die Schülerinnen und Schüler auch die Frage beantworten, ob eine Nichteinhaltung der Gebote tatsächlich ein Versagen darstellt: „Und jeden Tag versagen wir ein weiteres Mal". Verlieren die Gebote ihren Anspruch, weil sie nicht immer eingehalten werden? Sind sie dadurch hinfällig? An dieser Stelle setzt die Karikatur von Ralph Ruhte an. Die Aussage, Gott habe die Zehn Gebote vor dem Hintergrund ihrer vorhersehbaren Nichteinhaltung mit einer Portion Ironie versehen, ermöglicht eine inhaltliche Vernetzung zum Song der *Toten Hosen*. Hier sollte mit den Schülerinnen und Schülern diskutiert werden, welche Bedeutung Regeln für das menschliche Zusammenleben haben und dies insbesondere angesichts der Tatsache, dass sie ständig gebrochen werden.

→ AB 3

Erarbeitung
→ AB 4

Ausgehend davon lassen sich Fragen nach der Bedeutung von religiösen Geboten, insbesondere den Zehn Geboten erörtern. Dies geschieht bspw. in den Aussagen von Papst Franziskus und in der problemorientierten Frage danach, ob die Zehn Gebote die Freiheit des Menschen einschränken oder diese erst ermöglichen.

Vertiefung
→ AB 5

Als *Vertiefung* dient der Text des Weltethos-Theologen Hans Küng über „Moral ohne Religion?". Für die wenigsten Schülerinnen und Schüler dürften religiöse Regeln im eigenen Leben eine tragende Rolle spielen. Daher drängt sich zwangsläufig die Frage auf, ob Religion bzw. religiös verankerte Regeln und Normen für ein moralisches Leben notwendig sind: Warum braucht es religiöse Gebote, wenn Menschen auch ohne sie ein moralisch vertretbares Leben führen können? Haben uns insbesondere die Zehn Gebote heute noch etwas zu sagen? Küng bezieht sich in seiner Argumentation auf die UN-Menschenrechtserklärung und geht damit gewissermaßen einen ähnlichen Weg wie Udo Lindenberg in seinem prinzipiellen Bezug auf sogenannte „Wertewelten".

→ Modul 10
→ Einführung

AB 1 Udo Lindenberg: Moses

1. Betrachtet das Bild zunächst allein und beschreibt es dann gemeinsam in der Klasse. Überlegt und diskutiert anschließend erste Deutungen.
2. Welche Wirkung hat der Schriftzug „DU SOLLST“ auf euch? Beurteilt den Zweck dieser Worte und benennt dazu Beispiele aus eurem Alltag, wo sie gebraucht werden.

AB 2 Die Toten Hosen: Die Zehn Gebote

Einmal hat Gott der Welt erklärt:
Nur ich allein bin der Herr!
Ich dulde keine Götter neben mir
Du sollst immer nur mich verehren
Sprich meinen Namen nicht unnütz aus
Quäl' dich sechs Tage, bleib am siebten zu Haus
Ich schuf den Himmel und auch das Meer
Einmal in der Woche dankst Du mir dafür
Ehre deine Eltern, damit du lange lebst
In diesem Land, das der Herr dir gibt

Du sollst nicht töten und du sollst nicht stehlen
Und du sollst in der Ehe nicht fremdgehen
Du sollst nicht lügen und nichts Falsches erzählen
Ein ehrliches redliches Leben wählen
Das Haus und die Frau deines Nächsten nicht begehren
Und nichts von dem, was deinem Nächsten gehört

Wenn ich du wär, lieber Gott,
und wenn du ich wärst, lieber Gott
glaubst du, ich wäre auch so streng mit dir
wenn ich du wär, lieber Gott
und wenn du ich wärst, lieber Gott
würdest du die Gebote befolgen, nur wegen mir

Gott war verzweifelt, als er sich ansah
Seine Kinder haben jeden Tag neu versagt
Zur Rettung hat er uns seinen Sohn geschickt
Doch der starb umsonst, denn nichts änderte sich
Und jede Warnung, jede Drohung die vom Himmel kam
Wurde überhört von den Schafen des Herrn

Und jeden Tag versagen wir ein weiteres Mal
Und jeden Tag versagen wir ein weiteres Mal
Und jeden Tag versagen wir ein weiteres Mal
Und jeden Tag versagen wir ein weiteres Mal

Wenn ich du wär, lieber Gott,
und wenn du ich wärst, lieber Gott
glaubst du, ich wäre auch so streng mit dir
wenn ich du wär, lieber Gott
und wenn du ich wärst, lieber Gott
würdest du die Gebote befolgen, nur wegen mir

1. Sammelt im Plenum eure Höreindrücke zum Song und arbeitet in Partnerarbeit die Bedeutung des Textes heraus. Erläutert dabei, auf welche Weise die Zehn Gebote in dem Text dargestellt werden.

2. Beurteilt, ob das Nichteinhalten der Gebote als Versagen bezeichnet werden kann.

AB 3 Ralph Ruthe: Moses und die Gebote

1. Beschreibt die Karikatur und deutet ihre Aussage.
2. Findet vor dem Hintergrund des Songtextes „Die Zehn Gebote" von den Toten Hosen eine mögliche Erklärung für den Zusatz „Wegen der Ironie!".
3. Beurteilt, welche Bedeutung die Einhaltung von Regeln für das menschliche Zusammenleben hat.

AB 4 Die Zehn Gebote als Anweisungen zur Freiheit

Die Zehn Gebote schränken die menschliche Freiheit nach den Worten von Papst Franziskus nicht ein, sondern ermöglichen sie überhaupt erst.

Das Wort „Gebot" sei zwar aus der Mode gekommen, sagte Franziskus am Samstagabend in einer Videobotschaft. Oft rufe es die Vorstellung von „etwas Negativem wach, dem Willen eines anderen, der Grenzen setzt, der dem Leben Hindernisse in den Weg legt". Tatsächlich seien die Zehn Gebote jedoch keine Begrenzung der Freiheit, sondern „Anweisungen zur Freiheit", so der Papst. Echte Freiheit bestehe nicht darin, dem eigenen Egoismus und blinden Leidenschaften zu folgen, sondern zu lieben und das Gute in allen Lebenslagen zu suchen.

Ihren tieferen Sinn erhielten die Zehn Gebote allerdings erst im Lichte des Gebots Jesu, sagte der Papst. Dieses enthalte alle Gebote: Liebe Gott von ganzem Herzen und deinen Nächsten wie dich selbst. [...]

Die Zehn Gebote, so Franziskus weiter, bildeten einen „ethischen Kodex für den Aufbau einer gerechten Gesellschaft nach menschlichem Maß". Christen könnten mit ihrer Hilfe die Sklaverei vermeiden, „in die uns die vielen Götzen zwingen, die wir uns selbst schaffen". Die Zehn Gebote lehrten Ehrlichkeit, Respekt vor den Mitmenschen. Ihnen zu folgen bedeute „uns selbst treu zu sein, unserem wirklichen Selbst und auf die wahre Freiheit zuzugehen", die Christus verkündet habe.

Die Geschichte sei von Tyranneien und Ideologien geprägt worden, deren „unterdrückende und aufgezwungenen Denkweisen" nicht auf das Wohl des Menschen zielten, sondern Macht, Erfolg und Profit gesucht hätten, führte der Papst aus. Die Zehn Gebote hingegen stammten von einem Gott, der aus Liebe geschaffen habe und für den Menschen nur das Gute wolle.

www.kath.net/news/41614 (18.04.2019) © KNA

1. Erläutert in eigenen Worten die Bedeutung der Zehn Gebote nach der Interpretation von Papst Franziskus.

2. Erörtert gemeinsam, ob die Zehn Gebote die Freiheit des Menschen einschränken oder diese erst ermöglichen.

AB 5 Hans Küng: Moral ohne Religion?

Auch gläubige Menschen müssten zugeben, dass ohne Religion ein moralisches Leben möglich ist. Inwiefern? [...] Es lässt sich empirisch nicht bestreiten, dass nicht religiöse Menschen faktisch auch ohne Religion über eine ethische Grundorientierung verfügen und ein moralisches Leben führen, ja, dass es in der Geschichte nicht selten religiös Nichtgläubige waren, die einen neuen Sinn für Menschenwürde vorgelebt und sich oft mehr als religiös Gebundene für Mündigkeit, Gewissensfreiheit, Religionsfreiheit und die übrigen Menschenrechte eingesetzt haben. [...]

Es ist somit unbestreitbar: Von vielen säkularen Menschen wird heute eine Moral vorgelebt, die sich an der Würde eines jeden Menschen ausrichtet; und zu dieser Menschenwürde gehören nach heutigem Verständnis Vernunft und Mündigkeit, Gewissensfreiheit, Religionsfreiheit und die übrigen Menschenrechte, wie sie sich im Laufe einer langen Geschichte mühselig genug oft gegen die etablierten Religionen durchgesetzt haben. Und es ist für den Frieden unter den Völkern, ist für die internationale Zusammenarbeit in Politik, Wirtschaft und Kultur und ist auch für internationale Organisationen wie UNO und UNESCO von allergrößter Bedeutung, dass religiöse Menschen, seien sie nun Juden, Christen oder Muslime, Hindus, Sikhs, Buddhisten, Konfuzianer, Taoisten oder was immer, es Nichtreligiösen, die sich „Humanisten" nennen oder „Marxisten", zugestehen: auch sie können auf ihre Weise Menschenwürde und Menschenrechte, auch sie können ein humanes Ethos vertreten und verteidigen. Wird doch in der Tat von Gläubigen und Ungläubigen vertreten, was als Artikel 1 in der nach dem Zweiten Weltkrieg und dem Holocaust am 10. Dezember 1948 verabschiedeten Menschenrechtserklärung der Vereinten Nationen steht: „Alle Menschen werden frei und gleich an Würde und Rechten geboren. Sie sind mit Vernunft und Gewissen begabt und sollen sich zueinander im Geiste der Brüderlichkeit verhalten."

Von daher ergibt sich auch das Recht auf Religionsfreiheit, und zwar was fanatische Gläubige gern unterschlagen im doppelten Sinn: Freiheit für Religion einerseits, aber auch Freiheit von Religion andererseits. Das Recht auf Religionsfreiheit schließt also konsequenterweise auch das Recht auf Religionslosigkeit ein: „Jeder hat das Recht auf Gedanken-, Gewissens- und Religionsfreiheit; dieses Recht enthält die Freiheit, die Religion oder den Glauben zu wechseln, und die Freiheit, die Religion oder den Glauben allein oder in Gemeinschaft mit anderen sowie öffentlich oder privat durch Lehre, Ausübung, Gottesdienst und Erfüllung religiöser Vorschriften zu bekennen" (Artikel 18).

Küng, Hans: Was bleibt. Kerngedanken, München: Piper 2014, 295 – 297

1. Arbeitet die Kernaussagen des Textes des Theologen Hans Küng heraus.
2. Diskutiert die Bedeutung religiöser Regeln und Gebote für den Frieden unter den Völkern.

Best.-Nr. 122825

Modul 2:

Ich bin der Herr, dein Gott ...

Abbildung 1

Abbildung 2

Ich bin JHWH, dein Gott, der dich aus Ägypten geführt hat, aus dem Sklavenhaus. Du sollst neben mir keine weiteren Götter haben. (Dtn 5,6–7)

Zugang zum Text

Prolog

Selbstoffenbarung Gottes

Die Selbstvorstellung Gottes (JHWH ist der Eigenname des Gottes Israel) verbindet an exponierter Stelle, also gleich im Prolog (Dtn 5,6) den Dekalog mit der Exoduserzählung (Ex 20). Damit wird Gottes Anspruch auf sein Volk ausgedrückt: Die Befreiung aus ägyptischer Unterdrückung entspricht einem Herrschaftswechsel. Der Pharao ist nicht länger Herr des Volkes Israel, sondern JHWH. Angesprochen wird damit ursprünglich das soeben befreite Volk der Israeliten, nicht etwa die Menschen anderer Völker: „*Gott spricht nicht als Schöpfer zu allen Menschen*, um allen ohne Unterschied ein universal gültiges Gesetz zu geben. Er sagt nicht: ‚Ich bin JHWH, dein Gott, der Himmel und Erde erschaffen hat und die Geschichte aller Völker lenkt.' Er richtet sich vielmehr speziell an Israel. Dadurch werden die Gebote – zumindest nach modernem Verständnis – relativiert. Sie gelten nicht von vornherein für alle Menschen. Die Zehn Gebote erheben nicht den Anspruch, eine zeitlose Schöpfungsordnung in Worte zu fassen. *Sie sind nicht Schöpfungsgesetz, sondern Israel-Gesetz.*" (Garske/Lang 2015, 25)

Befreiungstheologie

Der Prolog des Dekalogs im Buch Deuteronomium unterstreicht somit von Beginn an, dass es im Kern der nicht religiösen Verbote und des Sabbatgebotes, die im Anschluss an die zeitbedingten religiösen Gebote vorgestellt werden, um Befreiungstheologie gehen wird. Wer an den Gott des Dekalogs glauben möchte, bekennt sich unausgesprochen zum Pendant der im Prolog erinnerten Sklaverei in Ägypten, nämlich zu „dem Land, in dem Milch und Honig fließen" (Ex 3,17). Der im Dekalog in erster Linie angesprochene israelitische Vollbürger bezieht demnach die dem Volk Israel widerfahrene Befreiung aus Ägypten einschließlich des verheißenen Landes auf sich persönlich. Das berührt die politische, soziale und individuell-existenzielle Dimension des Lebens, mithin auch die Seele bzw. Psyche. In einer solidarischen Gemeinschaft sollen Grundrechte langfristig das erfüllte Leben des Einzelnen in Freiheit, angemessenem Wohlstand und Glück sichern. Er darf darauf hoffen, dass die Rechte sein Leben beschützen und asymmetrische Beziehungen wie einst in Ägypten keine Chance haben. Führte das unmenschliche Kommandosystem dort zur (Selbst-)Entfremdung und wurde der Mensch dort rein funktional betrachtet und psychisch und physisch für Politik und Wirtschaft ausgebeutet („Frondienst"), so gilt es nun, mithilfe des Dekalogs Menschlichkeit, Individualität und Freiheit zu respektieren und zu wahren. Die nun folgenden Gebote, die traditionell gemäß Luther umständlich und feierlich mit „Du sollst" eingeleitet werden, können daher in diesem Sinne am ehesten auch übersetzt werden mit: „Du *wirst doch nicht* etwa angesichts der Erfahrungen von Ausbeutung und Unterdrückung in Ägypten …" (Garske/Lang 2015, 22)

Monolatrie

Dem Gebot „Du sollst neben mir keine anderen Götter haben" (Dtn 5,7) kommt als dem ersten Gebot im Anschluss an den Prolog natürlich besondere Bedeutung zu. Wenn die ausschließliche Verehrung JHWHs verlangt wird, so ist die Existenz weiterer Götter vorausgesetzt. Religionsgeschichtlicher Hintergrund dieses Gebots ist die *Monolatrie* (Alleinverehrung), noch nicht der sich erst später etablierende *Monotheismus* (Glaube an die Existenz nur eines Gottes). Vermutet wird als Herkunft das sakrale Kriegsrecht, das im Kriegsfall die Verehrung weiterer Götter untersagt. Auch JHWH war für die Hebräer ein solcher „Herr des Krieges" (Garske/Lang 2015, 26).

Der Prolog und die ersten Gebote (Alleinverehrung, Bilderverbot, Namensmissbrauch) sind der Auftakt zu einer religiösen und profanen Rechts- und Lebensordnung, die in einer bestimmten historischen Situation der Israeliten entstanden ist. Die offensichtlich von Priestern etablierten ersten drei religiösen Gebote bilden sehr zeitlich bedingte Gesetze ab und spiegeln wie der gesamte Dekalog die jüdische Erzähl- und Rechtskultur der Perserzeit (ca. 550 bis 330 v. d. Z.). Der Dekalog richtet sich ursprungsgeschichtlich gesehen an den männlichen, erwachsenen, verheirateten jüdischen Bauern der Perserzeit, der Kinder und Eltern zu versorgen sowie einen recht großen landwirtschaftlichen Betrieb zu organisieren hat, mit der Möglichkeit, ortsansässige Fremde zu Arbeitsdiensten heranzuziehen.

islamische Perspektive

Im Islam werden zum ersten Gebot andere Akzente gesetzt. Abweichend von der Fassung des Dekalogs im Buch Deuteronomium wird im Islam die Existenz anderer Götter negiert, und es liegt wie in der Exodusfassung (vgl. besonders Ex 20, 11) zwar Schöpfungstheologie, nicht aber Befreiungstheologie vor. Die wichtigste Botschaft des Korans zentriert sich auf die Betonung der Einheit und Einzigkeit des einen Gottes (arab. *tawhid*). Nach diesem Konzept des strikten Monotheismus ist Gott/Allah der Schöpfer alles Seins und damit auch des Menschen. In zahlreichen Versen beschreibt der Koran, dass alle Geschöpfe auf der Erde oder im Universum Gott verehren, indem sie seine Gesetze befolgen und sich unterwerfen:

Koran

„Siehst du nicht, dass es Gott, Allah, ist, Dem sich alles unterwirft, was in den Himmeln und auf der Erde ist, die Sonne, der Mond, die Sterne, die Berge, die Bäume und die Tiere und viele Menschen?" (Sure 22:18). Die Betrachtung der Natur und der vielen Naturereignisse soll dem Menschen als Zeichen für die Existenz, Barmherzigkeit und Macht Gottes dienen und zum Dank und zur Lobpreisung Gottes führen, indem die Unvergleichbarkeit Gottes mit seinen Geschöpfen bewusst wahrgenommen wird. Nur dieser Schöpfergott, der nicht mit seinen Geschöpfen verglichen werden darf, verdient damit auch die Verehrung des Menschen. Damit wird der Beigesellung von anderen Göttern neben Gott (arab. *schirk*) eine klare Absage erteilt, was im Koran als die einzige unverzeihliche Sünde verurteilt wird (z. B. Sure 112:1–4; 4:48). Das islamische Glaubensbekenntnis (arab. *schahada*) beginnt mit einer Verneinung, der Ablehnung anderer Götter: „Es gibt keinen Gott, außer Gott." Durch das unbedingte Bekenntnis zu dem einen und einzigen Gott definiert sich der Mensch als *Muslim* und wird Teil der muslimischen Gemeinschaft, der Umma. Aus der Schahada, der wichtigsten glaubenspraktischen Übung heraus erfolgen die weiteren Säulen: das rituelle Gebet (arab. *salah*), das Fasten (arab. *saum*), die Sozialabgabe (arab. *zakah*) und die Pilgerfahrt (arab. *hadsch*), mit denen u. a. die Verbundenheit mit Gott im Handeln vergegenwärtigt werden soll.

Basmala

Jede Koransure (mit Ausnahme der neunten) beginnt mit der Formel *Bismillahirrahmanirrahim* („Im Namen Gottes, des Barmherzigen, des Erbarmers"), verkürzt auch *Basmala*. Das ritualisierte Sprechen der *Basmala* geht auf die Praxis und Empfehlungen des Propheten Muhammad zurück und steht im Alltag frommer Muslime oft zu Beginn einer Handlung (bspw. rituelle Handlungen wie die Gebetswaschung oder das Schlachten eines Tieres). Der Muslim besinnt sich dabei auf Gott und bittet um den Segen und die Unterstützung Gottes bei seiner Handlung. Gleichzeitig soll mit dem Vollzug ein Bewusstsein für die Gnade und Barmherzigkeit Gottes geweckt und gestärkt werden. Neben der Verankerung im Alltag ist die *Basmala* auch ein beliebtes Motiv insbesondere in der islamischen Kalligrafie. Muslimische Gelehrte beginnen ihre Bücher oft mit ihr, selbst Immanuel Kant setzte 1755 über seine Doktorurkunde in arabischen Buchstaben die *Basmala*. Dass diese Formel, wenn sie gedankenlos verwendet oder instrumentalisiert wird, auch offen für Missbrauch ist und daher dem Verbot des Namensmissbrauchs (Dtn 5,11) nahesteht, belegen Handlungen fundamentalistischer Gruppierungen, die als selbsternannte Sachwalter des Islams bei der Anwendung drakonischer Strafen die *Basmala* aussprechen und vorgeben, sich für die Gerechtigkeit Gottes einzusetzen.

Zugang zu den Bildern

Abbildung 1: „Ich bin der Herr, dein Gott“, 98 x 125 cm, Mischtechnik auf Leinwand, 2001

Abbildung 2: „Keine anderen Götter“, 50 x 65, Mischtechnik auf Papier, 2001

Abbildung 1: „Ich bin der Herr, dein Gott“

zentrale Motive

Das Bild enthält drei zentrale Motive: Am linken unteren Bildrand kauert ein recht kleiner, gänzlich in Weiß gemalter Mensch (wohl ein Mann), der sich in gehockter Position auf seine hinter dem Oberkörper auf dem Boden aufsetzenden Arme stützt, um nicht nach hinten wegzukippen. Mit nach unten gezogenen Mundwinkeln schaut er ängstlich nach oben. Nur wenig seitlich rechts über ihm sehen wir eine überdimensional große, geballte Hand mit einem ausgestreckten Zeigefinger, die beide ebenfalls fast durchgängig in Weiß gehalten sind. Die Hand übertrifft dabei die Körpergröße des Mannes und befindet sich am Ende eines lang ausgestreckten Arms, der von oben rechts diagonal über das Bild verläuft und zusammen mit der Hand und deren Zeigefinger erst kurz über dem Mann endet. Links oberhalb des Oberarms ist ein weißer Kopf zu finden, mit einem weit aufgerissenen Mund, einem aggressiv-bedrohlich dreinblickenden Auge (das in „Smoky-Eyes-Manier“ wie auch der Mund betont schwarz umrandet wird) und einer übertrieben langen, spitzen Nase, die analog und parallel zum Zeigefinger auf den kleinen Mann in der Ecke gerichtet ist. Ein Haaransatz wird durch verlaufendes Schwarz angedeutet. Die eckig-spitzen Umrisse des riesigen Ohres unterstützen ebenfalls den bedrohlichen Eindruck des Zusammenspiels von Kopf, Arm, Hand und Zeigefinger.

Farbgebung

Die Kooperation von Gestik und Mimik der oberen, gleichsam höher gestellten Figur wird durch die Farbwahl unterstützt. Bleiben deren Hand und Gesicht bis auf kleine gelbe Farbtupfer weiß wie der kauernde Mensch, so nimmt das Weiß im Ärmel von links nach rechts immer weniger Raum ein, bis es kurz über dem Ellenbogen links von einem gelben und rechts von einem roten Streifen eingeengt wird und wie in einer Sackgasse enden muss. Am Ellenbogen durchbricht der rote Streifen, dessen Ursprung oben am Schultergelenk liegt, den schwarzen Rand des Ärmels, wobei die Streifenform aufgegeben wird und das Rot in Spritzern sich auf einen etwas breiteren gelben Hintergrundstreifen bis unten auf den Boden ergießt. Das helle Gelb, das auch weite Teile des linken Bildhintergrunds abdeckt und damit den weißen Kopf, die weiße Hand und die kleine weiße Figur in der Ecke profiliert abhebt, verändert sich rechts entsprechend ab dem Handgelenk und wird zu einem Ockergelb, dem sich die roten Sprenkel auflagern. Dieser ockergelbe-rote Streifen verläuft ebenfalls parallel zum Arm und wird im unteren Bilddrittel von einem Weiß umgeben, das jedoch hier und da von roten Spritzern besprenkelt wird. Dort, wo der ockergelb-rote Streifen auf den unteren Bildrand trifft, überlagern diese Spritzer dicker und sehr intensiv das Weiß. Farb- und Formkontraste hinterlassen den Eindruck einer unruhigen, unausgeglichenen Komposition, die widerspiegelt, dass auch auf inhaltlicher Ebene etwas aus dem Gleichgewicht geraten sein muss. Was ist es, was dem eigentlich Wärme und Frieden symbolisierenden Sonnengelb des Hintergrunds ein abschreckendes Ockergelb mit aggressiven Rottönen beimischt?

zorniger Gott/ autoritäres Gottesbild

Es besteht angesichts des Titels kein Zweifel daran, wer hier zum „Großmaul“ mutiert, den Menschen in die Ecke drängt und ihn zu einer Randfigur abstempelt, die sich kleinmacht und die wie ein Häufchen Elend dasitzt: blass, mit dem Rücken zur Wand, weil der Höhergestellte ihn von oben herab behandelt (was durch das Hochformat formal unterstützt wird), mit dem Finger auf ihn zeigt und ihn – den Körperwindungen entsprechend – förmlich „zur Schnecke macht“. „Ich bin der Herr, dein Gott“, sagt die überdimensional große

Figur, ein Satz, der wie ein Blitz aus heiterem Himmel auf den kleinen Mann niederfährt, um diesem zu verdeutlichen, dass Gott stets ein Auge auf ihn hat. Wer sprichwörtlich jedoch so geladen ist, muss selbst verletzt und an empfindlicher Stelle oder im Nerv getroffen sein, sodass ihm „das Blut in den Adern kocht“ oder er „bis aufs Blut gereizt ist“. Noch halten Gottes Arm und Hand den Blutstrom davon ab, auf den verdutzten kleinen Mann niederzuprasseln. Die Kernfrage lautet: Woher stammt die Verwundung Gottes? Was genau ist der wunde Punkt, der ganz offensichtlich mit einer derartigen wütenden Reaktion in Verbindung steht?

Bezüge zum Dekalog

Das Bild von Udo Lindenberg greift drei Motive aus den ersten beiden Geboten auf. *Erstens* wählt Lindenberg den Anfang des ersten Satzes des Prologs als Bildtitel: „Ich bin JHWH, dein Gott“ (Dtn 5,6). Wohl in Übernahme vieler deutscher Übersetzungen ersetzt er dabei das hebräische Tetragramm JHWH mit „Herr“ und verzichtet auf den wichtigen Zusatz: „[…] der dich aus Ägypten geführt hat, dem Sklavenhaus.“ *Zweitens* dürfte das zornige Gottesbild Lindenbergs zudem ein Rekurs auf Dtn 5,9 sein, wo JHWH seine Strafe für die Fremdgötterverehrung begründet: „Denn ich, JHWH, dein Gott, bin ein leidenschaftlicher Gott: Bei denen, die mir feind sind, ahnde ich den Frevel der Väter an den Söhnen und an der dritten und vierten Generation.“ Die in der Einheitsübersetzung zu findende Deutung „bin ein eifersüchtiger Gott“ entspricht nicht dem hebräischen Original. Dort ist vielmehr von einem „zornmütigen“ Gott die Rede. Dieses Adjektiv wird für die kriegerische, draufgängerische Art JHWHs als Kriegsgott verwendet und bedeutet so viel wie leidenschaftlich emotional. Das gilt für seine Liebe zum Volk Israel wie auch für seinen Hass auf die Frevler (Garske/Lang 2015, 22 f.). Möglich ist *drittens* eine Begründung des Zorns JHWHs im Bild Lindenbergs durch die von Gott angekündigten Folgen des Namensmissbrauchs (Dtn 5,11b): „[…] denn JHWH lässt den nicht ungestraft, der seinen Namen missbraucht.“

religiöse/ethische Leitlinien

leidenschaftlicher Gott

prophetische Kritik

Lindenberg trifft also mit den martialischen Eigenschaften Gottes den hebräischen Gedanken von einem wütenden, dem Menschen überlegenen „Aggressor“ in patriarchalisch-richterlicher Funktion. Sie erklärt sich aus dem ausdrücklichen Hinweis JHWHs auf die Befreiung Israels aus Ägypten, die Auftrag und Bürde für die Gegenwart ist. Wie erläutert, gibt sich Israel die Zehn Gebote, um einen Rückfall in Diktatur, Ausbeutung und Entwürdigung des Menschen vorzubeugen. Wer dauerhaft in einer Gesellschaft glücklich leben will, so die Verfasser des Dekalogs, benötigt religiöse und ethische Leitlinien für ein Leben in Frieden, Solidarität und Freiheit. Nehmen wir den exegetischen Befund ernst, wonach es die Offenbarung der Zehn Gebote am Sinai historisch nicht gegeben hat und wir es bei der Erzählung mit Dichtung und Legende im Stil der alttestamentlichen Propheten zu tun haben (Garske/Lang 2015, 21), erklärt sich das Bild eines „leidenschaftlich emotionalen“ Gottes noch besser: Mit allem prophetischen Zorn sehen wir Männer wie Amos, Jesaja, Jeremia u. a. gegen das Unrecht wettern, welches das gute Land, in dem „Milch und Honig fließen“ sollen, in Gefahr bringt. Ihr Zorn entzündete sich an mehreren Stellen: vor allem an der heuchlerischen Art des Gottesdienstes, den die Kleriker abhielten, um sich an der Institution des Tempels zu bereichern (Kultkritik); sodann an der bigotten Art der Bürger, die den Gottesdienst feierten, ohne sich um die sozialen und moralischen Schieflagen im Land zu kümmern und ohne sich insbesondere für die eigene Bereicherung auf Kosten der Armen zu schämen (Wirtschafts- und Frömmigkeitskritik); schließlich an der kriegerischen Außenpolitik, die man glaubte, im Namen JHWHs machen zu können (Staatskritik). Die Folgen aus diesem Fehlverhalten wurden in drastischen, rhetorisch zu verstehenden Bildern von JHWHs verhängtem „Tag des Unheils“ gemalt. Sie sollten Mahnung sein und abschreckend wirken. Die Propheten und ihr Bild von einem Gott, der sich leidenschaftlich für soziale Gerechtigkeit, Freiheit und Würde des Einzelnen einsetzt und zornig reagiert, wenn diese Werte gefährdet werden, bilden die Basis des Dekalogs. Im asozialen Verhalten jener, die es aufgrund der tradierten Erfahrungen von existenziellen Entfremdungen in

Ägypten eigentlich besser wissen müssten, liegt der wunde Punkt, an dem JHWH bis aufs Blut gereizt wird.

Diesen Moment des Wutausbruchs hat Lindenberg in seinem Bild erfasst. Entsprechend hat er in einem durchaus prophetisch anmutenden Statement zu seinen Bildern auch unterstrichen: „Überall Terror und Krieg, Hunger und Armut und eine Natur, die nur so den Bach runtergeht. Die Leute schlagen sich die Köpfe ein und nehmen die Kriege hin, als wären sie Naturgewalten oder von Gott gemacht [...] Die Bilder sollen zeigen, wo es wehtut." (Udos Zehn Gebote, 5) Und man darf im Sinne Lindenbergs und des Prologs ergänzen: Das Bild zeigt, wo es auch *Gott* wehtut. Lindenberg lässt den Betrachter des Bildes also mit der spannenden Frage zurück, was denn eigentlich Gott so verletzt haben könnte, dass er derartig in Rage gerät.

Abbildung 2: „Keine anderen Götter"

Farbgebung/Raumaufteilung

Das Bild besticht durch eine klare Farbgebung und Raumaufteilung: Im Vordergrund liegt links vom Betrachter auf einer ockergelben Fläche, die etwa ein Drittel der gesamten Bildfläche ausmacht, allein ein comicartiges weißes Männchen. Der himmelblaue Hintergrund, der durch eine schwarze Trennlinie scharf vom Vordergrund getrennt wird, macht dagegen zwei Drittel des Bildes aus. Sein Blickfang bildet eine – im Kontrast zu dem Menschen – überdimensionale weiße Statue im rechten Teil. Die Statue besteht aus zwei Komponenten: einem eckigen Sockel, auf dem sich ein Kopf befindet, der etwa fünfmal größer ist als das Fundament. Beide Elemente zusammen ergeben ein pokalartiges Aussehen. Auffällig ist zum einen ein Widerspruch zwischen dem gerade nach vorn ausgerichteten Sockel und dem aus dieser Ausrichtung gelösten und etwas seitlich gedrehten Kopf. Zum anderen fallen die angedeuteten großen kantigen Ohren, die weit aufgerissenen Augen mit großen Pupillen, die dominante Nase sowie die wulstigen Lippen des geschlossenen Mundes auf. Der Blick richtet sich auf den nackten Menschen, sodass sich zwischen Statuen-Kopf und Mensch eine gedachte Diagonale ergibt, der das Auge des Betrachters folgt, bis es sich dem Menschen zuwendet. Letzterer schaut etwas verdutzt zurück, sodass sich die Blicke treffen. Dazu muss der Mensch seinen Kopf um 180 Grad (ver-)drehen, denn er liegt auf dem Bauch und seine ursprüngliche Blickrichtung geht zum linken Bildrand. Um den Kopf besser wenden zu können, hat sich der Mensch zudem auf seine flossenartigen Hände und Ellbogen gestützt, sodass er den Oberkörper leicht anheben kann. Nur die leicht angewinkelten Beine und die ebenfalls an (Taucher-)Flossen erinnernden Füße liegen am Boden auf. Unterstützt wird die komische, an eine gestrandete Robbe erinnernde Figur durch die riesige, grobe Nase. Folgt der Betrachter dem Blick der Statue zum Menschen, gleitet er an Füßen, Beinen und am Körper des Menschen hinauf bis zu den nach unten gezogenen Mundwinkeln. Nun wird der Blick des Betrachters noch kurz auf die aufgestützten Arme (die hier gleichsam wie bei einer Parabel den Scheitelpunkt bilden), den kahlen Schädel und die hochgezogenen Augenbrauen bis hin zur Nase geführt, deren wuchtige Erscheinungsform wie ein Wegweiser das Auge in Richtung Statue zurückführt. Damit beginnt das Spiel der Augen von Neuem, sie bleiben in Bewegung und setzen wie bei einem Perpetuum Mobile ihre ellipsenartige Rundschau fort. Da Mensch und Statue die einzigen Gegenstände des Bildes darstellen und die Farbflächen recht beruhigend wirken, wird dieser Kreislauf auch nicht unterbrochen und die Konzentration gilt ganz der Kommunikation zwischen Statue und Mensch.

Statue und Mensch

→ AB 5

Auf den ersten Blick könnte der präzisen Farb- und Formwahl entsprechend alles so harmonisch-idyllisch sein: An einem weiten, nahezu leeren Strand hat es sich ein Mensch bequem gemacht; faul liegt er im Sand und genießt den wolkenlosen Himmel. Doch der (Sonnen-)Schein trügt – und das nicht nur formal, weil die schwarzen Grenzlinien der Bildelemente Strand, Statue und Himmel bei genauem Hinsehen hier und da vom benachbarten Element leicht überschritten werden, sondern auch inhaltlich, weil das Männchen den hängenden Mundwinkeln gemäß zutiefst unglücklich ist; sein Blick geht nicht nach vorne, sondern nur zurück; er wird zum Wendehals, ist gestrandet, eventuell gerade gestürzt, gestolpert und buchstäblich auf dem Bauch gelandet. Wer so ins Stolpern gerät, am Boden liegt, fühlt sich ausgeliefert, klein, „nackt", „ausgezogen" im Sinne von entblößt, schutz- und hilflos, wie ein Fisch auf dem Trockenen, und er windet sich wie ein Wurm. Die Ursache für diesen jämmerlichen Zustand ist für den Betrachter des Bildes wie für den Menschen selbst schnell gefunden. Sie liegt gemäß Bildtitel „Keine anderen Götter" in dem monumentalen Kopf eines Gottes, der gar nicht einmal aggressiv schauen muss, um dem Wurm zu signalisieren, dass er ihn gut im Auge hat, ihm zudem an Größe weit überlegen ist und dass es angesichts der hypnotischen Wirkung, die er mit seinen Augen auf den Menschen offensichtlich ausübt, keinen Sinn ergibt, fliehen zu wollen. Jetzt erklärt sich auch der oben beschriebene Widerspruch zwischen Sockel- und Kopfausrichtung: Als könne der Gott den Menschen jederzeit, obwohl ursprünglich starr installiert, mit den Augen verfolgen und dafür den Kopf drehen. Umgekehrt gilt: Als habe der fremde, in der Tat an altorientale Götter erinnernde Gott dem Menschen regelrecht den Kopf verdreht, kann Letzterer dem göttlichen Bann (in Entsprechung zum andauernden Kreislauf der Betrachtung) nicht entkommen, denn zu hypnotisch wirken die großen Augen. Das also, so könnte man Lindenbergs Bild abschließend interpretieren, kommt dabei heraus, wenn der Mensch anderen Göttern verfällt: Statt aufgerichtet zu werden, droht er zu stürzen und wird erniedrigt, statt Gott auf Augenhöhe zu begegnen, befindet sich der Mensch ganz unten und kann dem Gott, der sprichwörtlich „auf ein Podest gestellt" und dem eine beeindruckende Kontur und ein Profil gegeben wird, nur unterlegen sein. Das eigene Erscheinungs- und Charakterbild des Menschen wirkt dagegen nur „flach". Die Anbetung solcher Götter macht aus Menschen nichts als sich windende Wattwürmer, an Land geworfene, nach Luft schnappende Fische, gestrandete Robben, die sich nur behäbig und mühsam an Land bewegen, während ihre grazile Bewegungsart unter Wasser jetzt nicht zählt, kurz: Wer diese Götter verehrt, wird der Freiheit und des Menschseins beraubt. Das Paradies am Strand des Lebens, an dem wie in der Genesis das Nacktsein vor dem Sündenfall keine Scham auslöste, wird durch die Präsenz „anderer Götter" ins Gegenteil verkehrt.

Gott oder Götzen

Didaktisch-methodische Perspektiven

Die Erschließung beider Bilder akzentuieren den jüdisch-befreiungstheologischen Aspekt des ersten Gebots gemäß der Version im Buch Deuteronomium. Die beiden folgenden Einheiten sind jeweils als Doppelstunde konzipiert.

Einstieg/Problemaufwurf
→ AB 1

Das erste Bild („Ich bin der Herr, dein Gott") wird mit Titel gezeigt, und eine genaue Beschreibung steht an. Die Lehrkraft sollte beim Übergang zu ersten anschließenden Deutungshypothesen im Sinne eines *Problemaufwurfs* auf die Verwundung Gottes hinweisen. Ob sie wohl von den Schülerinnen und Schülern mit der Wut in einen Zusammenhang gebracht werden kann? Zu ersten Spekulationen gesellt sich das Statement Lindenbergs zu seinen Bildern, das den Schülerinnen und Schülern zusätzlich zur Folie vorgelegt wird. Nun müssten sie schon eine klarere Vorstellung von der Verletzung Gottes erhalten.

→ AB 2

Erarbeitung

gesellschaftspolitische Perspektive

Die allgemeinen Hinweise Lindenbergs leiten über zur *Erarbeitung*, in der die Schülerinnen und Schüler gemäß der Bildbeschreibung, dem Motiv der Verwundung Gottes und dem Statement Lindenbergs Gott entsprechende Worte in den Mund legen sollen, welche die allgemeinen Vorwürfe noch durch konkrete gesellschaftspolitische Beispiele (z. B. rechtsradikale Gewalt in Deutschland, Krieg und Vertreibung in Syrien, islamistischer Terror, sexuelle Gewalt und Machtmissbrauch in den Kirchen, aber auch mögliches Mobbing in der eigenen Klasse usw.) untermauern können. Es bietet sich an, den Monolog auch zu erproben und Gestik, Mimik und Intonation gut auf den Inhalt der Rede abzustimmen. In der

Präsentation, Auswertung und *Reflexion* stellen die Schülerinnen und Schüler ihre Monologe in Form eines kleinen szenischen Spiels vor und vergleichen Gemeinsamkeiten und Unterschiede. Man darf gespannt sein, wie sie Gottes Verletzung in die Inszenierung einspielen und begründen. Zur Vertiefung lesen die Schülerinnen und Schüler einen Text zum Auszug aus Ägypten, dem „Milch-und-Honig-Land" und zum Zorn Gottes.

Auswertung

Vertiefung

→ AB 2

Für den *Einstieg* in die Arbeit mit dem zweiten Bild („Keine anderen Götter") wird die rechte Bildhälfte abgeschnitten und die Lehrkraft lässt den Kurs nach einer kurzen Beschreibung des Fragments darüber spekulieren, zu wem oder was der am Boden Liegende zurückblickt. Um die Antworten nicht zu beliebig ausfallen zu lassen, sollte der Originaltitel präsentiert werden.

Einstieg

Nun sind die Schülerinnen und Schüler gezwungen, den Titel mit der Figur in Verbindung zu bringen und daraus eine Lösung zu konstruieren. Folgende Impulse sind denkbar:

Erarbeitung/ Auswertung

1. Betrachtet und beschreibt das Bildfragment.
2. Denkt gemeinsam über die fehlende rechte Bildhälfte nach: Zu wem oder was könnte die Figur zurückblicken?
3. Entwerft in Partnerarbeit zunächst eine Skizze und ergänzt dann selbst künstlerisch die rechte Bildhälfte.
4. Begründet im Plenum im Rahmen der Auswertung eure Lösungen. Vergleicht eure Bilder und erörtert dabei Gemeinsamkeiten und Unterschiede.

Man darf gespannt sein, inwieweit in der *Erarbeitung* bei der malerischen Ergänzung der Bildhälfte auf die Details der vorangehenden Bildbeschreibung zurückgegriffen wird. In der Auswertung sollten diese Begründungszusammenhänge (Farb- und Formwahl) erfragt werden.

Es folgt in der *Vertiefung* ein Abgleich der Schülerlösungen mit dem Original, wodurch die Interpretation insbesondere mithilfe der Kompositionsskizze vorangetrieben wird. Dabei können im Sinne eines *Transfers* durchaus provokative Fragen erörtert werden: Steht nicht jede Form der Götterverehrung in der Gefahr, ein asymmetrisches Verhältnis zwischen Gott und Gläubigem zu provozieren? Wofür könnte der im Bild dargestellte Götze stehen, welche Werte könnte er repräsentieren? Zur *Sicherung* kann die Interpretation zusammengefasst werden, die im Schlussteil einen persönlichen Kommentar zum Bild enthalten sollte.

Vertiefung/Transfer

religionskritische Perspektive

→ AB 3 in Verbindung mit AB 4

Verwendete Literatur

Garske, Volker/Lang, Bernhard (2015), Die Zehn Gebote – Dtn 5,6–21 (Einfach Religion. Interpretationen – Unterrichtsmodell), Paderborn

Udos Zehn Gebote. Bilder von Udo Lindenberg, hg. v. Bonifatiuswerk der deutschen Katholiken, Paderborn o. J.

AB 1 Udo Lindenberg: Ich bin der Herr, dein Gott

© Udo Lindenberg

1. Notiert Begriffe, die euch spontan beim Betrachten des Bildes durch den Kopf gehen (z. B. Gefühle, Eindrücke, Stimmungen, Erinnerungen, Situationen etc.). Schreibt alles auf, was euch einfällt:

2. Sammelt eure Begriffe anschließend gemeinsam in der Klasse und vergleicht sie miteinander.

3. Betrachtet das Bild nun noch einmal allein und beschreibt es möglichst genau. Achtet dabei auf Farben, Formen, Aufteilungen, unsichtbare Achsen etc.

4. Legt gemeinsam in der Klasse eine Tabelle mit euren Beschreibungen an und deutet auf dieser Grundlage das Bild.

AB 2 Starke Kontraste

Udo Lindenberg hat seine Bilder zu den Zehn Geboten folgendermaßen kommentiert:

„Wenn man die Nachrichten von heute so anschaut, der totale Horror. Überall Terror und Krieg, Hunger und Armut und eine Natur, die nur so den Bach runtergeht. Die Leute schlagen sich die Köpfe ein und nehmen die Kriege hin, als wären sie Naturgewalten oder von Gott gemacht. […] Die Bilder sollen zeigen, wo es wehtut."

Udos Zehn Gebote. Bilder von Udo LIndenberg, hg. v. Bonifatiuswerk der deutschen Katholiken, Paderborn o. J.

1. Probiert ein Gedankenexperiment und überlegt mithilfe von Lindenbergs Kommentar „Die Bilder sollen zeigen, wo es wehtut", wo oder warum es Gott wehtun könnte. Wo könnte eurer Meinung nach im übertragenen Sinn der „wunde Punkt" Gottes liegen? Wo wird er bis aufs Blut gereizt, sodass er so zornig reagiert und den Menschen „zur Schnecke" macht?
2. Findet aktuelle Beispiele für den „totalen Horror", von dem Lindenberg spricht. Vergleicht eure Antworten miteinander.
3. Entwerft in Kleingruppen einen Monolog Gottes angesichts der Menschen und ihres Handelns. Probt in einem szenischen Spiel die Rede. Wählt einen Schauspieler für Gott und einen für den Menschen. Wie, mit welchen Worten und in welchem Tonfall lasst ihr „euren Gott" sprechen? Welche Gestik und Mimik gebt ihr ihm? Stellt die Szene nach, indem ihr Gott höherstellt als den Menschen und ihn von oben herab sprechen lasst (wie im Bild Lindenbergs). Lasst auch den Menschen, während Gott spricht, sich weiterbewegen. Wie wird er sich verhalten?
4. Stellt euer Spiel im Plenum vor und begründet es anschließend. Was war euch bei der Darstellung wichtig? Was fand das Publikum am Spiel gelungen? Lasst auch die Schauspieler sagen, wie sie sich während des Spiels gefühlt und was sie gedacht haben? War es schwer, sich in die Rolle einzufinden, oder hat es sogar Freude gemacht?
5. Beschreibt das im folgenden Text zum Ausdruck kommende Gottesbild mit eigenen Worten. Nehmt begründet dazu Stellung und vergleicht eure Antwort mit der eurer Partnerin bzw. eures Partners.

Die Erzählung von der Flucht der Israeliten aus der Sklaverei in Ägypten endet gemäß dem Buch Deuteronomium mit dem Einzug in das von Gott verheißene Land, in dem „Milch und Honig fließen". Das Bild von einem Leben mit Milch und Honig steht für ein gutes Leben, in dem Menschen nicht länger über andere herrschen und sie ausbeuten. Gott wollte und will den Frieden, die Freiheit und das Glück der Menschen. Dazu sollen sich allerdings alle menschlich und solidarisch zeigen, übrigens auch mit den Tieren, die nicht gequält werden dürfen. Um dieses Leben zu sichern, gab sich das Volk Israel die Zehn Gebote, die von allen Israeliten zu beachten waren. Verstieß ein Mensch dagegen und gefährdete das „Milch-und-Honig-Land", sollte er im Namen Gottes bestraft werden. Denn die Erzähler malten sich aus, dass Gott zornig würde, wenn er die Gefährdung dieses Landes sah, für das er sich eingesetzt hatte.

Volker Garske

AB 3 Udo Lindenberg: Keine anderen Götter

1. Vergleicht eure Bilder mit dem Original von Udo Lindenberg. Interpretiert es gemeinsam im Plenum.
2. Verfasst eine schriftliche Bildinterpretation und nehmt im Schlussteil zu dem Bild persönlich Stellung.

AB 4 Zur Kommunikation von Statue und Mensch

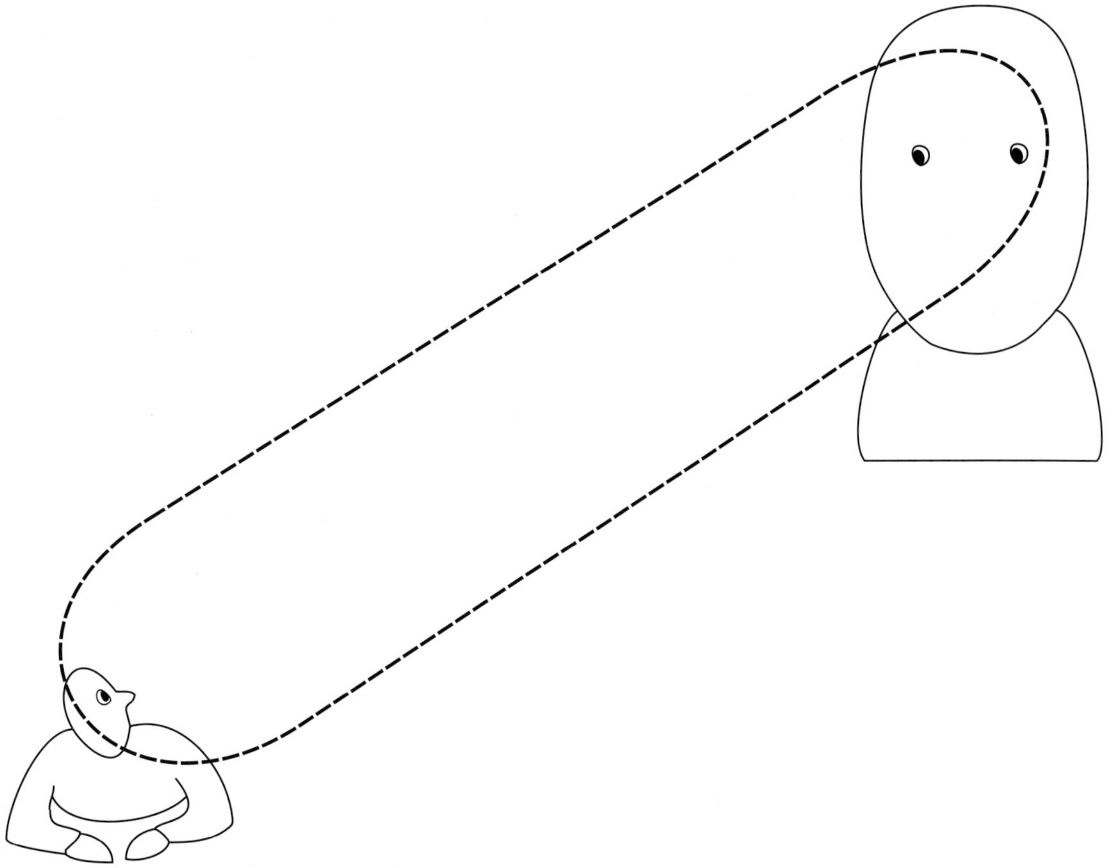

Modul 3:

Du sollst dir kein Bildnis machen

Du sollst dir kein Gottesbildnis machen, das irgendetwas darstellt am Himmel droben, auf der Erde unten oder im Wasser unter der Erde. Du sollst dich nicht vor ihnen (Göttern) niederwerfen und dich nicht verpflichten, ihnen zu dienen. Denn ich JHWH, dein Gott, bin ein leidenschaftlicher Gott: Bei denen, die mir feind sind, ahnde ich den Frevel der Väter an den Söhnen und an der dritten und vierten Generation; bei denen, die mich lieben und auf meine Gebote achten, erweise ich der (ganzen) Gemeinde meine Huld. Du sollst den Namen JHWHs, deines Gottes, nicht missbrauchen; denn JHWH lässt den nicht ungestraft, der seinen Namen missbraucht. (Dtn 5,8–11)

Zugang zum Text

Kultbildverbot

Das Bilderverbot (Dtn 5,8) untersagt die Herstellung und Verehrung eines Kultbildes, das JHWH in Gestalt eines Menschen oder Tieres darstellt, wie in älteren Tempeln in der Zeit vor den beiden einschneidenden Kriegsniederlagen des Nordreichs 722 v. d. Z. und Jerusalems 586 v. d. Z. vorgenommen. Warum man in der Zeit nach dem Bau des sog. *Zweiten Tempels* in Jerusalem um 500 v. d. Z., also zur Zeit der Abfassung des Dekalogs, das Bilderverbot erließ, ist unklar. Vermutet wird ein Kompromiss zwischen klerikalen Anhängern eines bilderlosen Bergheiligtums (Leviten) und den Befürwortern eines Tempelhauses mit Kultbild. Letztlich wurde ein Altar gebaut, der im Freien vor einem bildlos bleibenden Tempel stand (Garske/Lang 2015, 27). Es ist wichtig, sich klarzumachen, dass das von Priestern favorisierte Verbot eines Kultbildes die Israeliten nicht daran hinderte, Gott immer wieder, je aktuell und dem Anlass entsprechend mit neuen Akzenten in sprachlichen Bildern, Metaphern, Gleichnissen, Erzählungen, also in kreativ gestalteter Poesie und Dichtung zu umschreiben und zu bekennen.

Das Verbot des sich Niederwerfens vor Göttern und Kultbildern (Dtn 5,9a) bildet eine Erläuterung des Gebots der Alleinverehrung und des Bilderverbots. Wirft man sich vor Gottesbildern zu Boden (Proskynese), dokumentiert das die Niedrigkeit des Menschen. Gedient wurde den Göttern durch Opferdarbringung. Man weihte in Israel JHWH besonders Kopf, Genitalien und Blut (als die eigentlichen Träger des Lebens) eines getöteten Tieres und verbrannte sie anschließend auf dem Altar.

Handelte der Mensch gegen das Alleinverehrungsgebot oder das Bilderverbot, so ahndete der leidenschaftliche Gott diese „Frevel". Mit den „Vätern" ist die Elterngeneration der jetzt, also unmittelbar nach der Zerstörung Jerusalems (586 v. d. Z.) lebenden jüngeren Erwachsenen gemeint. Der Dekalog erscheint hier als Zeugnis einer Jugendbewegung, die in der stark polytheistisch gefärbten Religion der Ahnen die Ursache für die Kriegsniederlage gegen die Babylonier sieht. Demnach habe die kultische Verehrung anderer Götter, die selbst in der Kriegsphase nicht unterbrochen wurde, einst JHWHs Zorn und Rache heraufbeschworen (Tun-Ergehen-Zusammenhang). Die Folgen der göttlichen Bestrafung bis in die vierte Generation ergeben vor dem sozialen Hintergrund Sinn: Bis zu vier Generationen fanden sich zeitweilig im „Vaterhaus" ein, Schuld und Erfolg wurden also nach dieser Logik an jene Generationen weitervererbt, die als Schicksalsgemeinschaft unmittelbar nach dem Begehen des Frevels unter einem Dach lebten.

Jugendbewegung

Psychologisch lässt sich dieser soziale Aspekt mit einem didaktisch interessanten Gedanken vertiefen: Das „Vaterhaus", das von denselben moralischen, wirtschaftlichen und politischen Verhältnissen bestimmt wird, prägt auch durch den Erziehungsstil die charakterliche Entwicklung der je nachfolgenden Generationen. Wenn die Bibel davon spricht, dass

sozialpsychologischer Mechanismus

Gott in Liebe und Hass leidenschaftlich agiert und Frevel ahndet, so bildet dieses Bild einen sozialpsychologischen Mechanismus ab, den man als „eine Art Feststellungsrealismus“ (Drewermann 2006, 50) bezeichnet. Die Erzähler beschreiben mit dem Handeln Gottes demnach treffsicher die logischen Folgen eigenen Fehlverhaltens in der (politischen, religiösen, moralischen und ethischen) Erziehung für die nächsten Generationen. Alles, was in Kindheit und Jugend an elterlichen Neurosen und Zwängen, gerade auch an religiösen Verformungen bewusst und unbewusst übernommen, „geerbt“ wurde, wird auch – besonders ohne Selbstreflexion – das eigene Leben entsprechend prägen und belasten. Die negativen Folgen elterlicher Prägung werden also nach dieser psychologischen Interpretation vom Dekalog als „Strafe Gottes“ umschrieben.

Verbot des Namensmissbrauchs

Das folgende Verbot des Namensmissbrauchs (Dtn 5,11) – nach jüdischer Zählung das dritte, nach katholischer Zählung das zweite – bezieht sich ursprünglich auf den falschen Eid vor Gericht. Wem als Angeklagter keine Schuld nachgewiesen werden kann, der kann sich von der Beschuldigung unter Anrufung Gottes durch eine Eidesleistung befreien. Wer einen solchen Reinigungseid vorsätzlich falsch leistet, begeht ein schlimmes Sakralverbrechen.

Zugang zum Bild

Abbildung: „Du sollst dir kein Bildnis machen“, 130 x 98 cm, Mischtechnik auf Leinwand, 2001

Bildaufteilung/ Farbgebung

Das comicartige Bild mit dem Titel „Du sollst dir kein Bildnis machen“ zeigt im rechten Vordergrund einen Künstler vor einer Staffelei, die nahezu die gesamte linke Bildhälfte einnimmt. Beide Elemente werden durch Farb- und Formwahl direkt aufeinander bezogen, sind doch beide im Unterschied zum roten Bildhintergrund durchgängig in Weißtönen gehalten, besitzen vor dem Auge des Betrachters dieselbe Höhe und werden gleichermaßen von der Seite porträtiert, wobei sowohl der Staffelei als auch dem Menschen die Beine und Füße regelrecht vom Maler abgeschnitten wurden. Durch diesen Ausschnittcharakter konzentriert sich der Blick des Betrachters auf das Zusammenspiel von Oberkörper und Kopf des Mannes mit dem leeren Blatt. Die imaginäre Mittelachse spiegelt das Bild in zwei gleichgewichtige Teile, wodurch eine harmonische, geordnete Wirkung erzielt wird. Dazu trägt auch ein in dunklem Gelb gemalter Pinsel bei, der wie eine Brücke Staffelei und Mensch verbindet.

Figur/ Gestik

Der Mann führt den Pinsel mit seinem etwas angewinkelten rechten Arm zum leeren Blatt, wobei der Moment festgehalten wird, in dem der Pinsel gerade zaghaft auf dem Blatt aufsetzt. Es fällt auf, dass die weiße Pinselspitze die Farbe des Blattes annimmt und der Pinsel leicht mit Weiß unterlegt wird. Um mit dem Malen endgültig zu beginnen, müsste der Künstler in einem nächsten Moment den Pinsel härter aufsetzen. Der Maler hält seinen linken Arm nach unten und in der Hand eine angezündete Zigarre, deren Qualm in einer dünnen schwarzen Schliere hinter dem Mann nach oben entweicht. Er beugt sich leicht nach hinten, etwas von der Staffelei weg. Die Staffelei scheint diese Bewegung formal zu beantworten, indem sie sich ihrerseits leicht nach vorn krümmt und damit der Bewegungsrichtung des Künstlers folgt. Es kann ebenso sein, dass die rückwärtsgewandte Bewegung des Mannes eine abwehrende Reaktion auf das offensive „Verhalten“ der Staffelei ist.

Im Gegensatz zu der schiefen Haltung des Oberkörpers hält der Mann seinen Kopf mit dessen witzig überzogenem Gesicht gerade. Die starre Haltung des Kopfes unterstreicht eine konzentrierte Fixierung des Blattes. Daran ändert auch das ironisch eingespielte Motiv eines (Cowboy- oder Fedora-)Hutes nichts, dessen Krempenspitze den freien Blick des Künstlers auf das Blatt eigentlich einschränkt. Die schulterlangen, unter dem Hut hervorquellenden Haare ergänzen die ebenfalls in Schwarz gemalten Ränder von Jackett und Hose sowie von Blatt und Staffelei. Das insgesamt dezenter, pointierter eingesetzte Schwarz kontrastiert folglich in beiden Bildhälften mit den größeren weißen Flächen von Staffelei und Mensch, verleiht ihnen gleichsam einen Rahmen und hebt sie dadurch vom Hintergrund stärker ab. Zugleich mischt sich das Schwarz immer wieder schlierenartig in den Hintergrund. Dort begegnet vor dem vordergründigen Zusammenspiel von Schwarz, Weiß und Gelb ein in diversen Schattierungen gehaltenes Karminrot, das hin und wieder die schwarzen Grenzen überschreitet und sowohl das Blatt am oberen Rand als auch ein Standbein der Staffelei berührt. Das leicht mit Schwarz abgemischte, Dramatik assoziierende Rot spiegelt Leidenschaft und Kraft, aber auch die Gefahr der Zerstörung, die mit der Reinheit des leeren weißen Blattes kontrastiert. Wird vor diesem markanten Hintergrund dem Künstler die Sache schlichtweg zu heiß, wenn er das Weiß des Blattes mit Farbe versieht? Lässt er sich für das Projekt noch erwärmen und wird für das Bild so richtig Feuer und Flamme? Steht zu befürchten, dass er sich an seinem Auftrag die Finger verbrennt?

Farbkontraste

Staffelei und Künstler ergeben also aufgrund der synchronen Farb- und Formgebung ein Paar, das noch vor den ersten Pinselstrichen einen auffälligen Kontrast zum feuerroten Hintergrund bildet. Setzt man voraus, dass die Staffelei die Bewegung vorgibt, könnte sie den Mann entweder nachhaltig dazu auffordern, nun endlich seinem Auftrag und ihrer Bestimmung gerecht zu werden, oder aber ihn dazu bewegen, die Sache alsbald aufzugeben. Dieser spannende kommunikative Moment zwischen dem „Schon" des zaghaft aufgesetzten Pinsels und dem „Noch-nicht" des Malens lässt in der Schwebe, ob und wie es mit dem Malvorgang überhaupt weitergeht. Die rahmenparallelen Kompositionselemente unterstreichen wie auch das beruhigend wirkende Querformat diesen Stillstand formal, potenzielle Bewegung gerinnt zur Zeitlosigkeit, für einen Moment scheint die Zeit stillzustehen. Ganz im Sinne des noch leeren Blattes der Staffelei hinterlässt das ganze Bild ohne Berücksichtigung seines Titels beim Betrachter damit eine Leerstelle, die Raum für Spekulation eröffnet: Wird der Künstler aufgrund seiner konzentrierten Gelassenheit entsprechende Genialität und Kreativität nutzen, um den Zustand der Tabula rasa aufzuheben? Was und wie könnte er malen? Oder wird er den Pinsel wieder absetzen und erst einmal einen weiteren Zug von seiner Zigarre nehmen, um die Sache zu überdenken? In jedem Fall steht die Gelassenheit des Künstlers in ironischem Kontrast zum dramatisch gefärbten Hintergrund. Ob Pinsel oder Zigarre – der Künstler, ein süffisantes Selbstporträt Lindenbergs, scheint die Dinge noch locker im Griff zu haben, es gibt trotz des Höllenschlunds im Hintergrund offensichtlich für ihn keinen Grund, nicht entspannt zu sein und in Panik zu geraten.

kommunikativer Moment

Leerstelle

Bindet der Betrachter des Bildes den Bildtitel mit in seine Überlegungen ein, dann scheinen solche Leerstellenfüllungen zunächst obsolet. Udo Lindenberg übernimmt in nur leichter Abweichung den Vers Dtn 5,8 aus dem Dekalog: „Du sollst dir kein Bildnis machen." Warum aber wird das strikte Verbot, sich ein Bild von Gott zu machen, in der Schwebe gehalten? Lindenberg hätte das Verbot eindeutiger, endgültiger zum Ausdruck bringen können. So aber gewinnt man den Eindruck, der Künstler habe bereits (s)ein ideales Bild im Kopf. Bedenken wir, dass das Bilderverbot sich nur auf Kultbilder bezog und es Israel in der Folge nicht davon abhielt, seinen zahlreichen Gottesvorstellungen in (sprachlichen) Bildern Ausdruck zu verleihen, so trifft der Vorgang, den Lindenberg in seinem Bild festhält, exakt das ambivalente jüdische Denken: Voller Respekt vor dem Göttlichen verzichtet Israel einerseits auf das Aussprechen des Gottesnamens und damit auf eine begriffliche Festlegung des Heiligen und untersagt die Identifikation des Göttlichen mit Kultgegenständen, nähert sich ihm jedoch andererseits in mannigfaltigen Varianten von Metaphern, Bildern und Erzählungen, die ihn in ihrer Diversität nicht festlegen wollen und können. Umgekehrt

Bezug zum Gebot

beschwört jede Festlegung auf das Göttliche die Gefahr des religiösen Exklusivismus herauf, wovon die Blutströme zahlloser Religionskriege bis heute Zeugnis geben.

Lindenberg erinnert wie viele Künstler dagegen an diese „heilige Unberechenbarkeit" (Kurt Marti) des biblischen Gottes, der weder mit einer kalkulierbaren, verrechenbaren Größe verwechselt noch moralisch, pädagogisch und politisch verzweckt und funktionalisiert werden sollte. Indem Lindenberg auf ein vorschnell angefertigtes Gottesbild verzichtet, leistet er zunächst einen Beitrag zur Entbanalisierung theologischen Redens und zwingt zur Demut und kritischen Reflexion, mit der die Gottesfrage individuell angegangen werden kann. Doch Lindenberg greift nicht nur den jüdischen Respekt und die Scheu vor allzu starren Definitionen auf, sondern bildet den Produktions- und Rezeptionsprozess der biblischen Erzählungen selbst ab: Auch wenn das Numinose letztlich entzogen bleibt, so nähern sich die biblischen Erzähler ihm auf ästhetischem Wege immer wieder: kommentierend, ergänzend, korrigierend, mal ernster, mal humorvoll-gelassen ... In diesen Rezeptionsprozess der Bibel reiht sich Lindenbergs Bild hervorragend ein, gerade wenn wir es als einen Appell an den Betrachter begreifen, sich mit dem Künstler zu identifizieren, die Gottesfrage selbst zu bedenken und das Bild zu ergänzen. Dass Lindenbergs Selbstporträt dabei durch zahlreiche Motive ironisch gebrochen erscheint, ändert nichts an der Treue seiner Kernaussage zur Bibel. Gut möglich, dass Lindenbergs Gelassenheit im Umgang mit einer religiösen Kernfrage Ausdruck einer berechtigten Religionskritik gegen den gefährlichen Zeitgeist des Exklusiven und Dogmatischen in allen Religionen ist, das Gott endgültig in Formeln festlegen und dadurch besitzen will, weil es sich vermeintlich schon immer ganz genau im Bilde weiß.

Didaktisch-methodische Perspektiven

Einstieg
→ AB 1

Problemaufwurf

Zum *Einstieg* wird den Schülerinnen und Schülern das Bild als stummer Impuls ohne den Bildtitel vorgelegt. Es sollte so detailliert beschrieben werden, dass die Schülerinnen und Schüler von der Beschreibung einen ihrer Meinung nach passenden Bildtitel begründet ableiten. Zur Formulierung des *Problemaufwurfs* wird der originale Bildtitel mit den Schüler-Titeln abgeglichen und sodann durch zwei theologische Zusatzinformationen der Lehrkraft konturiert und problematisiert:

1. Das ursprüngliche Bilderverbot galt nur für Kultbilder, die oft mit dem Göttlichen gleichgesetzt wurden, sodass der liturgische Gegenstand angebetet wurde.
2. Das Verbot hat das Judentum nicht daran gehindert, vom Göttlichen stets in bilderreicher Sprache zu erzählen.

Insofern spiegelt Lindenbergs Bild sowohl den Respekt vor dem Göttlichen als auch den verspürten Drang religiöser Menschen, sich von ihm irgendwie doch ein Bild machen zu müssen. Das wiederum wirft die Frage auf, wie denn der Künstler im Bild – also Lindenberg selbst – den Impuls letztlich nutzen würde und wie jede/r Schüler/in selbst das Bild zu Ende malen würde.

Erarbeitung I
→ AB 2

Um die Scheu vor dem Malauftrag zu verringern und zu platte Klischees zu vermeiden, kann als Zwischenschritt in einer *ersten Erarbeitungsphase* das Beispiel des Grundschülers Matthias eingespielt werden, der auf die Frage, wo ihm Gott begegne, eine Szene gemalt hat, in der sein Vater den Wagen während eines Familienausflugs durch den gezielten Einsatz von Bremsen, Hupe und Lichtsignalen so steuert, dass eine Katze vor dem Überfahren bewahrt wird (da keine weiteren Passanten oder Autos gemalt werden, für die der Bremsvorgang ein Sicherheitsrisiko bedeuten könnte, sollte das Abbremsen als umsichtige Aktion und unbedenklich eingestuft werden). Matthias malt also ein Bild von Gott, der als eine unsichtbare lebensfördernde Kraft zwischen Mensch und Tier agiert (hier wohl in einer Art Schutzdach vom Auto bis zur Katze dargestellt; es hält die dunklen Wolken und den Regenguss auf Distanz und wird von der Sonne überstrahlt). Gemäß diesem beziehungsorientierten Gottesverständnis kommt Gott zum Ausdruck in einer gelingenden, weil Leben erhaltenden Mensch-Tier-Beziehung (Spiegel 2004).

Das Bild des Grundschülers ist auf einer Staffelei zu sehen und bereitet dadurch zugleich eine *zweite Erarbeitungsphase* vor. Angeregt von der Bildbeschreibung und -deutung, die theologischen Rückfragen Raum geben sollte, soll nun jede/r ihr bzw. sein individuelles (Gottes-)Bild zeichnen: In welchen Situationen konnte bzw. kann ich in meinem Leben eine lebensfördernde Kraft ausmachen, die biblische Erzähler JHWH nennen? Sollten einzelne Schülerinnen und Schüler keine derartigen Gottesvorstellung haben (wollen), ist auch das möglich (s. Aufgabenstellung) und müsste von der Lehrkraft möglicherweise noch einmal nachdrücklich betont werden. Selbstverständlich müssen alle, d. h. auch provozierende, kontrastierende Bilder in die *Auswertung* eingebunden werden, in denen fragwürdige Beziehungen dargestellt werden. Misslingende Beziehungen, die ja gerade nicht die lebensfördernde Kraft aktivieren wollen oder können, deuten ja auf ihre Weise an, wie es auch anders sein könnte. In den antiken Mythen symbolisieren oft Meeresungeheuer, Drachen, Dämonen und Teufel, aber auch Naturerscheinungen wie Sturm, Dunkelheit und aufgepeitschte See dieses chaotische, lebensbedrohliche Element (vgl. Gen 1 oder Mt 14,22–33).

Erarbeitung II

→ AB 3

Auswertung

Verwendete Literatur

Drewermann, Eugen (2006), Die Zehn Gebote. Zwischen Weisung und Weisheit, Düsseldorf

Garske, Volker/Lang, Bernhard (2015), Die Zehn Gebote - Dtn 5,6–21 (Einfach Religion. Interpretationen - Unterrichtsmodell), Paderborn

Spiegel, Egon (2004), „In einem Kuss, der selbstlos macht, steckt so viel Gott …" Grundzüge einer sozio-theologisch orientierten Religionspädagogik, in: Kirche und Schule 31, 3-11

AB 1 Ein Maler vor leerem Blatt

© Udo Lindenberg

1. Betrachtet einige Minuten aufmerksam das Bild.
2. Beschreibt das Bild, indem ihr nur eure Beobachtungen der Klasse mitteilt. Eine Deutung des Bildes ist noch nicht nötig.
3. Gebt dem Bild einen eurer Meinung nach passenden Titel. Begründet vor der Klasse euren Titel und vergleicht ihn mit den anderen.
4. Erfragt nun den Namen des Künstlers und den Originaltitel des Bildes. Vielleicht kennt ihr den Maler und könnt etwas zu ihm sagen.

   Name: ____________________

   Titel: ____________________

5. Vergleicht den Originaltitel mit euren Titeln und deutet das Bild gemeinsam.

AB 2 Matthias macht sich ein Bild von Gott

Illu: Kassing, Reinhild; Abb.: Spiegel, Egon: Matthias

1. Eine dritte Grundschulklasse wurde gefragt: „Wo begegnet dir Gott? Male dazu ein Bild.“ Matthias malte ein Bild, das in das leere Blatt eingefügt wurde. Beschreibt das Bild gemeinsam.

2. Deutet das Bild: Welches Bild von Gott hat sich Matthias eigentlich gemacht? Welche besondere Situation spielt für ihn eine Rolle? Kennt ihr ähnliche Situationen, von denen ihr erzählen könnt?

Best.-Nr. 122825

AB 3 Mein eigenes Bild (von Gott?!)

Kassing, Reinhild

1. Zeichnet nun eine euch wichtige Situation auf das leere Blatt der Staffelei, in der sich Menschen oder ihr selbst für andere Menschen, für Tiere, für Natur und Umwelt oder für euch selbst eingesetzt haben – oder auch gerade das Gegenteil: wo all das fehlt … Ihr könnt das Bild auch symbolisch oder abstrakt gestalten.

   Gebt eurem Bild einen Titel:

   „____“

   Überlegt: Könnte das ein Bild, euer Bild von Gott sein? Begründet eure Antwort(-versuche).
2. Stellt eure Bilder in der Klasse gegenseitig vor und vergleicht sie miteinander.
3. Lest den folgenden Text und diskutiert seine Kernaussage in Partnerarbeit. Ist euch dieser Gedanke neu? Könnt ihr ihn nachvollziehen oder löst er eher Befremden aus?

Best.-Nr. 122825

Als sich das Judentum etwa 500 v. d. Z. die Zehn Gebote gab, damit die Menschen in der Gesellschaft in Frieden, Glück und Solidarität miteinander leben konnten, wollten sie nicht, dass Gott in einem Bild im Tempel verehrt würde, das die Menschen während eines Gottesdienstes anbeteten. Man erkannte die Gefahr, dass die Gläubigen sonst meinen könnten, das Bild oder die Statue sei Gott selbst. Zuvor hatte man oft Bilder oder Statuen an Tempeln oder auf Bergen aufgestellt. Bilder und Statuen zeigten Gott in Menschen- oder Tiergestalt.
Deshalb lautete das erste Gebot: „Du sollst dir kein Gottesbildnis machen, das irgendetwas darstellt am Himmel droben, auf der Erde unten oder im Wasser unter der Erde.“ (Dtn 5,8)
Die Verfasser der Zehn Gebote glaubten also nicht, dass Gott uns in Bildern oder Gegenständen begegnet, die im Gottesdienst aufgestellt und angebetet werden. Sie glaubten vielmehr, dass der Mensch Gott besonders dann erfahren kann, wenn Beziehungen zu anderen Menschen, zu Tieren oder zur Natur gelingen.

Volker Garske

Modul 4:

Du sollst den Feiertag heiligen

Achte auf den Sabbat-Tag: Halte ihn heilig. Dies gebietet dir JHWH, dein Gott: Sechs Tage darfst du schaffen und jede Arbeit tun. Der siebte Tag ist ein Ruhetag (Sabbat-Tag) für JHWH, deinen Gott. An ihm darfst du keine Arbeit tun: du, dein Sohn und deine Tochter, dein Sklave und deine Sklavin, dein Rind, dein Esel und dein ganzes Vieh und der Fremde, der in deinen Städten lebt. Dein Sklave und deine Sklavin sollen sich ausruhen wie du. Denk daran: Als du in Ägypten warst, hat dich JHWH, dein Gott, mit starker Hand und hoch erhobenem Arm dort herausgeführt. Darum gebietet dir JHWH, dein Gott, den Sabbat-Tag zu halten. (Dtn 5,12–15)

Zugang zum Text

→ Einleitung

Der Hauptunterschied der beiden Versionen des Dekalogs betrifft die Begründungen des Schabbatgebots. Während in der Bibelwissenschaft die unterschiedlichen Versionen auf eine inhaltliche Entwicklung zurückgeführt werden, sehen die Rabbinen in den beiden Fassungen sich ergänzende Versionen, wie weiter unten zu sehen sein wird. „Schabbat" entspricht der hebräischen Aussprache, während „Sabbat" das griechische Lehnwort darstellt. Das hebräische Wort bedeutet „aufhören" oder „ruhen". Da es den Ausdruck in anderen Kulturen nicht gibt, wird das Wort in vielen Bibelübersetzungen nicht übersetzt. Einige übersetzen das Wort mit „Feiertag" (vgl. auch den Titel des zugehörigen Bildes). Der siebte Tag ist laut jüdischer Tradition der Samstag. Die jüdischen Tage beginnen mit Sonnenuntergang am Vorabend und enden bei Dunkelheit. Somit beginnt der Schabbat bereits am Freitagabend mit Sonnenuntergang und endet am Samstag bei Einbruch der Nacht.

Wortbedeutung

Die Christen feiern ihren Ruhetag am Sonntag (Levinson/Büchner 2001, 57 ff.). Für die Muslime ist der Freitag der besondere Wochentag des religiösen Lebens. Der arabische Begriff dafür ist *Dschum'a*, was wörtlich mit „Versammlung" übersetzt werden kann. Der Islam kennt keine Tage oder Wochen mit sakralem Charakter. Der Freitag ist – anders als der Schabbat oder der Sonntag – schlicht der sechste Tag der Woche und erlangt seine Bedeutung erst durch das Ritual des Gemeinschaftsgebetes: „O ihr Gläubigen! Wenn am Freitag zum Gebet gerufen wird, dann begebt euch schnell dorthin, um Gottes zu gedenken, und lasst das Handelsgeschäft ruhen! Das ist für euch das Beste. Wenn ihr es nur wüsstet!" (Sure 62:9) Das Freitagsgebet unterbricht also den gewöhnlichen Ablauf des Tages: „Ist das Gebet zu Ende, geht euren Geschäften im irdischen Leben nach und bemüht euch dann, an Gottes Gabenfülle Anteil zu haben! Gedenkt Gottes viel, auf dass euch Erfolg beschieden sein möge!" (Sure 62:10) Der Koranvers macht deutlich, dass nicht der ganze Tag religiös bestimmt ist, sondern nur die begrenzte Zeit, die von der Vorbereitung und Durchführung des mittäglichen Gebets beansprucht wird. Der restliche Verlauf des Tages nimmt ansonsten seinen gewohnten Verlauf.

islamische Perspektive

Koran

Das Schabbatgebot wird entsprechend den zwei Versionen in der Tora unterschiedlich begründet. Im zweiten Buch Mose wird die Begründung des Schabbats im Schöpfungswerk Gottes gesehen (schöpfungstheologische Begründung). Der Grund für die Segnung und Heiligung des Schabbats ist das Ruhen Gottes nach Vollendung der Schöpfung. Im fünften Buch Mose wird der Schabbat mit der Erinnerung an die Knechtschaft in Ägypten und mit der Befreiung des Volkes Israel in Verbindung gebracht (befreiungstheologische Begründung). In der jüdischen Tradition sind diese beiden Bezüge zentral. In biblischer und in antiker Zeit war der Schabbat in erster Linie eine Zeit für Ruhe und auch ein Zeichen des respektvollen Umgangs mit Knechten, Fremden und den Nutztieren. Im Laufe der Zeit wurde der Schabbat ein jüdisches Identitätssymbol und in der weltweiten Rezeption zum

Begründungen des Schabbatgebots

Sinnbild dafür, dass der Mensch nicht nur zum Arbeiten da ist. Die Unterschiede der beiden Versionen des Dekalogs werden in der jüdischen Tradition wie folgt interpretiert. So heißt es in Ex 20,8: „Gedenke [hebr. *sachor*] des Sabbattages ihn zu heiligen." In Dtn 5,12 wird man aufgefordert, den Schabbattag zu „hüten" bzw. zu „bewahren" (hebr. *schamor*). Daraus werden zwei unterschiedliche Schwerpunkte hinsichtlich der Schabbatpflichten abgeleitet: Zum einen geht es um die Tätigkeiten, die man aktiv ausführen soll, um des Schabbats zu gedenken, zum anderen geht es um die Handlungen, die man unterlassen soll, um den Schabbat zu *bewahren* bzw. zu *behüten*.

Das Gebot richtet sich an alle Menschen, wodurch betont wird, dass an diesem Tag soziale Unterschiede keine Rolle spielen. Im Unterschied zu den anderen Geboten des Dekalogs wird genau festgelegt, wer ruhen soll: neben dem Hausherren auch alle Söhne, Töchter, Knechte und Mägde. Darüber hinaus sollen auch die Fremden ruhen. Sie unterstehen zwar nicht dem Hausherren, leben aber in der Nähe und es soll ihnen auch eine gewisse Fürsorge entgegengebracht werden. Die Frauen werden nicht explizit genannt, da sie nicht dem Hausherren unterstehen und ihr Ruhetag daher selbstverständlich ist. Außerdem trägt der Mensch auch gegenüber den Tieren eine Verantwortung, sodass auch sie sich an diesem Tag ausruhen sollen. Der Tag soll laut Tora ein Tag für Gott sein (vgl. Ex 20,10) und ein Zeichen für den Bund Gottes mit Israel (vgl. Ex 31,16).

Schabbatfeier

Für die traditionelle Feier des Schabbats gibt es einen festgelegten Ablauf mit rituellen Handlungen (Radday 1991, 39f.), die das Schabbatgebot, der Heiligkeit des Tages zu gedenken, erfüllen. Insbesondere ist hiermit der *Kiddusch* (Segen über den Wein) am Freitagabend und Schabbatmorgen gemeint. Der Schabbat beginnt am Freitagabend mit dem Kerzenanzünden. Es werden mindestens zwei Kerzen angezündet, die die beiden unterschiedlichen Aufträge (Gedenken und Behüten), die der Mensch am Schabbat berücksichtigen muss, widerspiegeln. Die Vorbereitung (Einkaufen, Putzen, Aufräumen und Kochen) fängt bereits früher an. Zur ihr gehört auch, dass zwei spezielle Zopfbrote (*Challot*) gebacken werden und festliches Essen zubereitet wird, denn am Schabbat selbst darf nicht mehr gekocht werden. Die zwei Challot erinnern an die doppelte Portion Manna, die die Israeliten während der Wüstenwanderung (vgl. Ex 16,23) bereits am Vortag von Schabbat bekommen haben, um es nicht am Schabbat selbst einsammeln zu müssen. Neben dem Besuch der Synagoge am Freitagabend steht am Samstagmorgen das Morgengebet mit der Toralesung im Mittelpunkt. Jede Woche wird ein festgelegter Wochenabschnitt aus der Tora gelesen. Anschließend wird ein für jeden Wochenabschnitt festgelegter Auszug aus den Büchern der Propheten gelesen (*Haftara*). Der Rabbiner oder die Rabbinerin hält eine Predigt, die sich auf diesen Wochenabschnitt bezieht. Im Laufe eines jüdischen Jahres liest man auf diese Weise von Schabbat zu Schabbat die ganze Tora.

Ein weiterer wichtiger Aspekt der Schabbatfeier ist das Beisammensein der Familie. Am Freitagabend kommen alle zu einem festlichen Mahl zusammen, bei dem der Segen über den Wein gesprochen und das spezielle Feiertagsbrot gegessen wird. Hierdurch erfüllt man das Gebot des Schabbat-Gedenkens. Noch zwei weitere Mahlzeiten werden am Schabbat eingenommen: eine nach dem Morgengebet und die andere, meist kleinere Mahlzeit, am Samstagnachmittag. Die festlichen Mahlzeiten, die man idealerweise mit seiner Familie, Freunden oder Gästen einnimmt, sollen die Freude am Schabbat (*Oneg Schabbat*) fördern. Lieder, die bei Tisch gemeinsam gesungen werden, vergrößern noch diese Freude. Am Nachmittag spielt man mit den Kindern, liest und lernt Tora oder ruht sich aus. Am Samstagabend bei Dunkelheit wird der Schabbat mit einer besonderen Zeremonie (*Hawdala*), bei der man sich von der Heiligkeit des Tages trennen muss, verabschiedet und man kehrt zurück in den Alltag. Zur Zeremonie gehören Wein, eine geflochtene Mehrdochtkerze und wohlduftende Kräuter (*Besamim*). Das erste Licht, das man nach Schabbat anzündet, soll ein besonders Licht sein und die Kräuter sollen das Verabschieden vom Schabbat bzw. von der zusätzlichen Seele (s. u.) und den Übergang von diesem heiligen Tag zum Alltag erleichtern.

Gebote/Verbote

Das Gebot, den Schabbat zu bewahren, wurde in der jüdischen Tradition so gedeutet, dass man bestimmte Tätigkeiten, in erster Linie produktive Arbeiten, nicht verrichten darf, um der Bedeutung des Ruhetags gerecht zu werden. Dem Unterlassen produktiver Tätigkeiten kommt somit eine zentrale Rolle zu. In der rabbinischen Tradition werden 39 Haupttätigkeiten genannt, die als verboten gelten (zurückgehend auf den Bau der Stiftshütte, vgl. Ex 31,12–17 bzw. in der Mischna den Traktat Schab VII,2). Dazu gehören zum Beispiel alle landwirtschaftlichen Arbeiten, die Herstellung von Textilien, Schreiben, Feuer machen, Backen und handwerkliche Tätigkeiten. Im traditionellen Judentum gilt daher das Verbot des Erzeugens und des Benutzens von Elektrizität, und auch das Spielen von Instrumenten ist nicht erlaubt, weshalb diese im orthodoxen Schabbatgottesdienst nicht benutzt werden. Letztendlich sollen diese Verbote dabei helfen, diesen Tag zu einem besonderen Tag zu erheben, der nichts mit den alltäglichen Handlungen zu tun hat. Sie sollen also nicht als Einschränkung empfunden, sondern als unterstützende Hilfe gesehen werden, um die spirituelle Atmosphäre des Schabbats spüren zu können. Laut jüdischer Tradition bekommt man am Schabbat eine zusätzliche Seele (*Neschama jetera*), die dabei hilft, glücklicher und entspannter zu sein.

Insgesamt ist darauf hinzuweisen, dass es auch nicht orthodoxe religiöse Juden gibt, die sich nicht an alle Verbote halten, weil sie das Arbeitsverbot am Schabbat anders interpretieren. Sie benutzen vielleicht den Stromschalter, lassen aber ihre Smartphones aus und lesen ihre beruflichen E-Mails nicht. Unabhängig von ihrer religiösen Ausrichtung spielt die Idee, dass der Schabbat eine heilige Zeit ist, für alle praktizierenden Juden eine zentrale Rolle: Es geht um das Abschalten vom Alltag und das Leben und Erleben eines heiligen Tages.

Zugang zum Bild

Abbildung: „Du sollst den Feiertag heiligen", 170 x 140 cm, Mischtechnik auf Leinwand, 2001

Bildelemente

Über zwei parallel verlaufenden Straßen, die im Bildhintergrund beginnen, ergießt sich eine endlose Blechlawine. Im Mittelgrund treffen beide Fahrzeugschlangen aufeinander, und es entsteht – bis in den Vordergrund hinein – eine chaotische Stausituation. Räumlichkeit wird durch Staffelung erreicht: Autos und Menschen überlagern sich, sind geradezu ineinander verkeilt. Die Zentralperspektive der aufeinander zulaufenden, immer breiter werdenden Straßen verstärkt diesen räumlichen Eindruck.

Durch das Querformat wird die Weite des Motivs unterstrichen, der Blick des Betrachters springt zwischen Nah und Fern und bringt Bewegung in das Bild. Die größte formale Dichte konzentriert sich auf den Vorder- und Mittelgrund der mit Autos vollbepackten Straßen, während der Umraum und der Hintergrund trotz intensiver gelber und orangefarbener Farbgebung eher eine untergeordnete Rolle spielen. Gelb und Orange erinnern an Sonne, Sonnenuntergang oder Sonnenaufgang. Die graue Farbgebung der Straßen und die schwarz-weiß skizzierten Fahrzeugkolonnen nebst ihren Insassen stehen hierzu in einem starken Kontrast. Auch farbpsychologisch bilden Orange und Grau den größten Gegensatz: Orange wird mit Lebensfreude assoziiert, während Grau mit trüber Stimmung in Verbindung gebracht wird. Die Gesichter der skizzierten Insassen – ja selbst die Fahrzeuge – sind aller individuellen Züge beraubt. Diese „Entindividualisierung" wird noch dadurch verstärkt, dass auf beiden Straßen parallel zueinander identische Fahrzeuge mit identischen

Farbgebung

Personen in identischen Szenen gezeichnet sind. Die Szenen sind exemplarisch und austauschbar. Alle Personen sehen traurig, betrübt, grimmig oder gestresst aus. Dies wird jeweils durch ihre heruntergezogenen Mundwinkel signalisiert. Niemand lächelt.

Bezug zum Gebot

Auf den ersten Blick ist ersichtlich, dass Lindenbergs Bild im krassen Widerspruch zu dem Ideal eines geruhsamen Feiertags steht: Statt Ruhe und Besinnlichkeit einkehren zu lassen, haben sich die Menschen in ihre Blechkisten gezwängt, womöglich, um etwas Tolles zu erleben. Nun sind sie im Stau, in ihren Autos, in ihren alltäglichen Lebensgewohnheiten gefangen, es geht weder vor noch zurück. Sie müssen Lärm, Gestank und Stress erleiden. Sie haben das Geschenk des Feiertags, die himmlische Ruhe, durch ihr Verhalten eingetauscht gegen eine Alltagssituation, die das Gegenteil eines heiligen Ruhetags ist.

Didaktisch-methodische Perspektiven

Leitfragen für zwei Perspektiven

Der wöchentliche Ruhetag ist sowohl bei Juden als auch bei Christen ein zentraler Feiertag und hat religiöse sowie soziale Dimensionen. In den Arbeitsmaterialien soll auf diese verschiedenen Aspekte eingegangen werden, wobei eine theologische und eine ästhetische Perspektive auf die Thematik und das Bild Lindenbergs eingenommen werden.
Die beiden Perspektiven folgen den Leitfragen:

- *Warum feiern Juden (und Christen) einen Ruhetag?*
- *Welche Bedeutung hat der Schabbat im Judentum?*
- *Welche Besonderheiten kennzeichnen den Schabbat?*
- *Welche Herausforderungen bringt der Schabbat mit sich?*
- *Welche persönliche Haltung zum Feiertag zeigt sich im Bild und in Songtexten Udo Lindenbergs?*
- *Welche Gemeinsamkeiten und welche Unterschiede bestehen zwischen Lindenbergs Perspektive einerseits und religiösen Perspektiven andererseits?*

theologische Perspektive

Die erste Perspektive „Der (jüdische) Schabbat: Eine Herausforderung in unserer modernen nicht jüdischen Welt" zielt darauf, das Schülerinnen und Schüler die Dimensionen des jüdischen Schabbats kennenlernen und sich mit den Herausforderungen beschäftigen, in einer nicht jüdischen bzw. nicht religiösen Welt den Schabbat zu heiligen.

Einstieg

Zum *Einstieg* werden die beiden Versionen des Schabbatgebots in der Bibel mittels arbeitsteiliger Gruppenarbeit in zwei Schritten verglichen. Die Schülerinnen und Schüler sollen den Inhalt der ihnen vorliegenden Version (aus dem Buch Exodus oder Deuteronomium) in eigenen Worten im Plenum vorstellen. Im folgenden Unterrichtsgespräch werden die Gemeinsamkeiten der beiden Versionen und die unterschiedlichen Begründungen des Schabbatgebots (schöpfungstheologischer Ruhetag bzw. befreiungstheologische Erinnerung an die Knechtschaft), seine Besonderheiten (z. B. Einbezug von Tieren) und Konsequenzen (z. B. Arbeitsverbot) besprochen.

Erarbeitung
→ AB 1
→ AB 2

In der *Erarbeitungsphase* sollen die Schülerinnen und Schüler mittels des Textes von Abraham J. Heschel zur Bedeutung von heiliger Zeit und einer differenzierten Beschreibung der Bedeutungen des Schabbats durch den Autor Solomon Goldman die verschiedenen Aspekte, die der Schabbat heute hat, herausarbeiten. Wer den Schabbat laut Goldmann in all seinen Dimensionen lebt, kann sich körperlich erholen, einen vollständigen Tag der Ruhe erleben, wird auf eine Reihe von (produktiven) Arbeiten bzw. Tätigkeiten verzichten, seine Mitmenschen und Tiere respektvoll behandeln, einen fröhlichen Tag mit der Familie erleben, den Tag auch mit geistiger Anregung füllen (z. B. Torastudium), beim Gebet spirituelle Freude empfinden und seine Bindung zu Gott stärken. Der Mensch, der den Schabbat hält, wird nach Goldman insgesamt einen heiligen Tag erleben, der sogar einen Vorgeschmack auf die messianische Zeit bietet.

Zur *Vertiefung* kann ein Artikel oder ein Film mit persönlichen Eindrücken über den Schabbat gelesen bzw. angesehen werden (bspw. Petri/Thierfelder 2002, 23f.; Beyrodt 2015). Denkbar wäre auch, dass eine praktizierende/r Jüdin bzw. Jude eingeladen wird und von ihrem bzw. seinem persönlichen Schabbat erzählt (vgl. dazu das Projekt „Likrat – Jugend und Dialog" des Zentralrats der Juden unter: www.zentralratderjuden.de/angebote/begegnung/likrat, 23.04.2019). Die Schülerinnen und Schüler sollen selbst versuchen, möglicherweise am Wochenende einen Tag oder wenigstens mehrere Stunden im wahrsten Sinne des Wortes „abzuschalten" (z.B. das Smartphone). Auf der Grundlage des bisher Erarbeiteten und der persönlichen Erfahrungen wird über den Sinn des Schabbats und die Herausforderungen der Umsetzung des Gebots in der heutigen Zeit diskutiert. Ein möglicher Exkurs für fortgeschrittene Lerngruppen kann darin bestehen, auf der Grundlage eines weiteren Textes (Bartolmai 2010) über die unterschiedlichen Umsetzungen des Schabbatgebots innerhalb des Judentums und seiner Pluralität zu sprechen. In *Auswertung* und *Transfer* werden die bisherigen Ergebnisse der Erarbeitungs- und Vertiefungsphase im Hinblick auf die Frage diskutiert, ob es in heutiger Zeit möglich ist, die Schabbatruhe vollständig einzuhalten und welche Schwierigkeiten dabei auftreten können. Hier soll insbesondere auf die Situation einer Jüdin bzw. eines Juden eingegangen werden, die bzw. der in Deutschland lebt, d.h. in einer überwiegend nicht jüdischen Gesellschaft. Denn die Mitgliederanzahl der jüdischen Gemeinden in Deutschland liegt bei knapp 100 000, sodass der Anteil an gemeindlich gebundenen Juden an der deutschen Gesamtbevölkerung also deutlich weniger als ein Prozent beträgt. In der *Sicherung* werden die diskutierten Probleme, Schwierigkeiten und Herausforderungen gebündelt (z.B. ist der Samstag oft familiärer Einkaufstag; nicht jüdische Freunde haben selten Zeit, weil sie andere Dinge tun; Fußballspiele und andere Events finden oft samstags statt etc.).

Vertiefung

→ AB 3

Auswertung/ Transfer

Sicherung

Die *zweite* Perspektive „Lindenberg und der Feiertag" zielt darauf, dass die Schülerinnen und Schüler Lindenbergs bildliche Umsetzung des dritten Gebots erarbeiten. Seine künstlerische Interpretation erfolgt durch Darstellung der gesellschaftlichen Wirklichkeit, die wiederum im Widerspruch zum ursprünglichen Sinn eines Feiertages als Ruhetag steht. Die Schülerinnen und Schüler setzen sich dabei zusätzlich mit Lindenbergs Liedtexten auseinander und arbeiten heraus, dass es dem Künstler, wie häufig in seinen Texten, um Gesellschaftskritik geht. Insbesondere mit dem Bild „Du sollst den Feiertag heiligen" führt er uns die Sinnentleertheit eines so gelebten Feiertags vor Augen.

ästhetische Perspektive

In der *Einstiegs-* und *Erarbeitungsphase* wird Lindenbergs Bild zunächst als stummer Impuls gezeigt und dann im folgenden Unterrichtsgespräch interpretiert. Vertiefend wird der Song „Gott, wenn es dich gibt" aus dem Jahre 2000 herangezogen, in dem es heißt: „Oder bist du ein Gerücht?" Hieraus könnte auf eine agnostische Haltung des Künstlers geschlossen werden, der aber die Hoffnung auf eine höhere Instanz im Sinne einer universellen Macht nicht verloren hat. Denn in dem Song „Interview mit Gott" aus dem Jahre 2008 stellt er einerseits die Frage, warum Gott Krieg und Gewalt zulässt (Theodizeeproblem), betont aber ebenso, dass es die Menschen selbst sind, die für Krieg und Zerstörung verantwortlich seien und sich selbst um ihren Planeten kümmern müssten. Ist der Künstler zugleich Zweifelnder und Suchender? Dieser Frage könnte gemeinsam mit der Lerngruppe nachgegangen werden. Wichtig ist im Sinne ästhetischen Lernens, dass nicht nur die Texte gelesen werden, sondern der Song auch hörbar gemacht und die musikalische Umsetzung diskutiert wird.

Einstieg/Erarbeitung

→ AB 4

Im *Transfer* sollen die Schülerinnen und Schüler überlegen, was Lindenbergs Interpretation des Gebots bedeuten könnte. Macht er sich über das Gebot der Heiligung des Feiertags lustig? Plädiert er für die Abschaffung der Feiertage, weil sie sinnlos sind? Oder macht er umgekehrt auf deren sozialgesellschaftliche Relevanz aufmerksam? Ist Lindenberg ein religiöser Mensch? Etc. Im Unterrichtsgespräch werden die Ergebnisse *ausgewertet*. Möglicherweise haben die Schülerinnen und Schüler in der Auseinandersetzung mit Bild und Songs heraus-

Transfer

Auswertung

gearbeitet, dass Lindenbergs künstlerische Tätigkeit von dem Wunsch geleitet wird, Missstände in unserer Gesellschaft offen zu legen, aber auch danach zu fragen, wie diese überwunden werden können. Bezogen auf das Gebot der Heiligkeit des Feiertags bedeutet dies, dass Lindenberg sicher die kulturgeschichtliche Relevanz eines arbeitsfreien Feiertages anerkennt und für eine Rückbesinnung auf den ursprünglichen Sinn eines Ruhetages plädiert. Mindestens kann sein Bild als Appell gesehen werden, den arbeitsfreien Tag sinnvoller zu nutzen – und gerade nicht nur im Stau zu stehen. Vertiefend können die Schülerinnen und Schüler ein Bild malen, das ihren Vorstellungen von einem Ruhetag entspricht.

biografischer Exkurs

Im Sinne eines weiter vertiefenden *Exkurses* kann mit der Lerngruppe die Frage diskutiert werden, ob Lindenberg ein religiöser Mensch ist. Der Künstler ist vermutlich nicht im Sinne einer konfessionsgebundenen religiösen Tradition religiös. Dies kann aus den oben erwähnten Liedtexten abgeleitet werden, sofern man sie auch als Selbstaussage des Künstlers deuten möchte. Darüber hinaus kann allerdings auf das folgende Zitat Lindenbergs aus dem Jahr 2011 zurückgegriffen werden:

„Gut, ich denke, im Himmel ist für viele Götter Platz, es muss nicht nur ein Gott sein. Ich finde es daneben, wenn es heißt, es gibt nur einen Gott, du darfst nur einen Gott haben, andere Götter kommen hier überhaupt nicht infrage. Das ist ja die Ursache für den ganzen Stress. Wenn sie sagen würden, jeder glaubt nach seiner Fasson, dann sieht die Sache schon ganz anders aus. Vielleicht ist es nur einer, und er trägt verschiedene Namen. Vielleicht sind es auch viele, dann ist es prima. Die Göttervielfalt, dagegen ist nichts einzuwenden." (Kleyboldt 2011)

Dabei wird deutlich, dass Lindenberg nicht im Sinne einer bestimmten Religion oder eines bestimmten Glaubens engagiert ist. Es geht ihm jedoch – ähnlich wie in dem Auftrag des Judentums an den Menschen – darum, mit seinem Bild daran zu appellieren, den arbeitsfreien Tag sinnvoller zu nutzen.

Verwendete Literatur

Bartolmai, Evelyn (2010), Schabbat in Israel. Wie Familien den siebten Wochentag feiern, www.deutschlandfunkkultur.de/schabbat-in-israel.1079.de.html?dram:article_id=176279 (23.04.2019)

Beyrodt, Gerald (2015), „Die geistigen Batterien aufladen", www.deutschlandfunk.de/schabbat-die-geistigen-batterien-aufladen.886.de.html?dram:article_id=319268 (23.04.2019)

Donin, Chajim Halevy (1987), Jüdisches Leben. Eine Einführung zum jüdischen Wandel in der modernen Welt, Zürich

Heschel, Abraham J. (1990), Der Sabbat. Seine Bedeutung für den Menschen, Neukirchen-Vluyn

Kleyboldt, Sabine (2011), Udo und die Religion. Was dem Panikrocker Gott und Glaube bedeuten, www.deutschlandfunk.de/udo-und-die-religion.886.de.html?dram:article_id=127717 (23.04.2019)

Levinson, Nathan Peter/Büchner, Frauke (2001), 77 Fragen zwischen Juden und Christen (Studienbuch Religionsunterricht 7), Göttingen

Magonet, Jonathan (2003), Einführung in das Judentum, Berlin

Petri, Dieter/Thierfelder, Jörg (Hg.) (2002), Grundkurs Judentum. Materialien und Kopiervorlagen für Schule und Gemeinde. Band 2. Völlig neu bearb. und erw. Auflage, Stuttgart

Radday, Yehuda T. (1991), Auf den Spuren der Parascha. Ein Stück Tora zum Lernen des Wochenabschnitts. Arbeitsmappe 2, Frankfurt am Main/Salzburg

„Lehre mich, Ewiger, Deinen Weg". Ethik im Judentum (2015), hg. v. Zentralrat der Juden in Deutschland und Schweizerischen Israelitischen Gemeindebund, Berlin

AB 1 Heiligkeit in der Zeit

Heiligkeit im Raum, in der Natur, kannte man auch in anderen Religionen. Das Neue in der Lehre des Judentums war, dass die Idee der Heiligkeit schrittweise vom Raum auf die Zeit verlagert wurde, aus dem Reich der Natur ins Reich der Geschichte, von den Dingen auf Ereignisse. Die physische Welt wurde jeglicher angeborenen Heiligkeit entkleidet. Es gab von jetzt an nicht mehr Pflanzen oder Tiere, die von Natur heilig waren. Um heilig zu sein, musste ein Gegenstand durch einen bewussten Akt des Menschen geweiht werden. Der Charakter der Heiligkeit wohnt nicht der Struktur der Materie inne. Er ist ein Wert, der den Dingen durch Konsekration [Weihung/Heiligung] verliehen wird und der nur in Beziehung zu Gott besteht. Die Betonung der Zeit ist ein hervorstechender Zug im Denken der Propheten. „Der Tag des Herren" ist den Propheten wichtiger als „das Haus des Herren" [...] In den Zehn Geboten wird kein heiliger Ort erwähnt. Im Gegenteil, nach dem Ereignis vom Sinai wurde Mose gesagt: „An jedem Ort, wo Ich meinen Namen nennen lasse, will Ich zu dir kommen und dich segnen" (Ex, 20,24).

Abraham J. Heschel, Der Sabbat. Seine Bedeutung für den Menschen. Deutsche Erstausgabe. Neukirchen-Vluyn: Neukirchener Verlag 1990, 62–63

1. Gebt die Inhalte des Textes von Abraham J. Heschel wieder.
2. Erörtert, unter welchen Voraussetzungen der Schabbat zu einem heiligen Tag werden könnte.

AB 2 Der einzigartige Schabbat

Der (jüdische) Schabbat, wie wir ihn kennen, ist in seiner Form weitaus differenzierter als sein biblischer Prototyp. Denn er ist das Produkt einer Mischung aus tiefem Glauben, dichterischer Vorstellungskraft, ungeheuer fantasievoller Eingebung, juristischem Scharfsinn, theologischer Spekulation, exzessiver Frömmigkeit, erdrückender Armut, bitterer Demütigung, von Exil und Verfolgung, gesundem Menschenverstand und der reinen Liebe zum Lernen. Rabbinischer wie biblischer Schabbat strebten nach denselben Zielen, von denen alle in einem einzigen, vielleicht unerreichbaren Ideal münden sollten: Erstens sollte es ein Tag physischer Erholung sein, vollständiger Ruhe, da alle anderen Arten von Arbeit, wie Lasten tragen, die Weinpresse bedienen, Dreschen, Ernten, Kaufen und Verkaufen verboten waren. Zweitens sollte er den Menschen lehren, gut zum Vieh und besonders zu seinem Nächsten zu sein, egal ob Sklave oder Fremder. Es sollte, drittens, ein fröhlicher Tag sein, den man zu Hause mit der Familie verbrachte und nicht faulenzend im Freien. Viertens sollte es ein Tag der geistigen Anregung sein, frei von leerem Geschwätz. Fünftens sollte es ein Tag spiritueller Freude und Ekstase sein. Sechstens sollte er das jüdische Volk an Gott binden, als den Schöpfer und denjenigen, der sie als freies Volk berief. Mit anderen Worten: es sollte ein heiliger Tag sein. Ein Tag, an dem der Jude jede Woche einen Vorgeschmack auf eine ideale Weltordnung erhalten sollte, einer Weltordnung, zu deren Verwirklichung er beitragen sollte.

Solomon Goldman, The book of Human Destiny. From Slavery to Freedom. Abelard-Schuman 1958, 676, zitiert nach: Jonathan Magonet, Einführung in das Judentum, Berlin: Jüdische Verlagsanstalt Berlin 2003, übersetzt von Esther Kontarsky, 153 – 154

1. Arbeitet die verschiedenen Aspekte des Schabbats, die Goldman nennt, heraus.
2. Erläutert, was man unter einer „idealen Weltordnung" verstehen könnte.

AB 3 Allzeit online – oder einfach mal abschalten?

stock.adobe.com: Wordley Calvo Stock

1. Beschreibt, wie sich das Mädchen wohl fühlt, und findet Gründe dafür.
2. Erläutert, welche Rolle das Smartphone für sie und viele andere Menschen in Alltag und Freizeit einnimmt.
3. Findet sowohl Vorteile als auch Nachteile der Nutzung von Smartphones. Diskutiert anschließend gemeinsam, ob die Vorteile die Nachteile überwiegen oder umgekehrt.
4. Erörtert, was die Nutzung von Smartphones mit dem Schabbatgebot zu tun haben könnte.

Best.-Nr. 122825

AB 4 Udo Lindenberg über Gott

Gott, wenn es dich gibt

Gott, wenn es dich gibt
An den Cliffs von Dublin
Graue Wolkenberge, zeig mir das Licht
Wohnst du darüber
Oder bist du ein Gerücht?
Die Kriege toben
Warum änderst du's nicht?

Gib mir die Power
Ich will dafür steh'n
Die Welt zu ändern
Das muss doch geh'n

(Ich wollte die Welt
Wenn ich mal wieder gehen muss
Besser zurücklassen
Als ich sie bei meiner Geburt
vorgefunden habe)

Interview mit Gott

Fragen, die nie ein Mensch gestellt
ich spreche mit ihm über ihn und die Welt
Er war lange weg, wir sprechen exklusiv
über sein Comeback

Ey, wieso lässt du uns so hängen?
beginne ich mein Interview
Wenn du doch der Liebe Gott bist
warum lässt du dann Kriege zu?

Du schickst auch keine Schutzengel runter
runter in den Sudan
Die krepier'n da und ich vermute
du guckst es dir nicht mal mehr an

Gleich nach dem Werbeblock
mach ich das Interview mit Gott
Gleich nach dem Werbespot
der Liebe Gott
Seine Herrlichkeit zur besten Sendezeit
Einschaltquote: 100 Prozent

Er sagt, man hat als Gott 'n Job am Kopp
und der ist ziemlich hart
Man kennt's doch, rauf und runter
diese Story hat 'n langen Bart

Ihr wisst doch, ich habe eure Welt
so schön für euch erschaffen
Doch ihr habt sie vollgeknallt
vollgeknallt mit Waffen

Und ich schickte euch doch immer schon
meine besten Top-Berater:
Ob's nun Jesus war, Ghandi, Einstein
und auch noch den Scheinheiligen Vater

Doch es nützt ja nix, was hat's gebracht
seid immer noch die alten Idioten
Klebt an Kirche und Religion
mit Millionen und Millionen von Toten

Ja, wenn der Mensch nicht weiter weiß
dann macht er mir den Himmel heiß
Doch es nützt kein Beichten
nee, es nützt kein Beten

Kümmert euch jetzt mal selber
um euern Planeten

Ja, es war ganz nett
es war 'n großes Ding
mich mal zu interviewen
Doch Leute, tschüss
ich muss jetzt echt wieder weiter
man hat als Gott ja auch noch
was and'res zu tun

Text: Udo Lindenberg © Regenmacher Musikverlag GmbH, Edition Starworks Production/Melodie der Welt J. Michel GmbH & Co. KG Musikverlag, Frankfurt

1. Skizziert das in den Songtexten angedeutete Gottesbild.
2. Arbeitet aus den Texten eine mögliche Haltung des Künstlers zu Gott heraus.
3. Hört die Songs an und bezieht nun Text und Musik aufeinander. Was fällt euch auf? Versteht ihr den Text oder einzelne Aussagen nach dem Hören anders?

Modul 5:
Du sollst Vater und Mutter ehren

Ehre deinen Vater und deine Mutter. Dies gebietet dir JHWH, dein Gott, damit du lange lebst und es dir gut geht in dem Land, das JHWH, dein Gott, dir gibt. (Dtn 5,16)

Zugang zum Text

Das vierte Gebot des Dekalogs richtete sich an die erwachsenen Kinder und sollte vor allem die Altersversorgung der Eltern sicherstellen. Dies ist durch altorientalische Rechtsurkunden belegt. Diese gesicherte Versorgung war in der Antike lebensnotwendig, da es noch keine staatliche Versorgung oder heutigen Seniorenheimen vergleichbare Einrichtungen für alte, kranke oder schwache Menschen gab. Daher ist dieses Gebot in sozialer und kulturgeschichtlicher Hinsicht von großer Bedeutung. Im Falle von Kinderlosigkeit oder dann, wenn die Kinder sehr weit entfernt wohnten, war man auf die Unterstützung anderer Menschen angewiesen. Manchmal adoptierte man einen jungen Menschen, wobei die Rahmenbedingungen der Versorgung im Alter vertraglich festgehalten wurden.

jüdische Perspektive

Im Talmud (Kidduschin 31b) werden Speisen, Getränke, Kleidung, das Ankleiden und das Ausführen der Eltern als verpflichtende Handlungen genannt, um das vierte Gebot zu erfüllen. Im dritten Buch Mose gibt es ein weiteres Gebot, das die Eltern betrifft. Dort steht, dass jeder seine Mutter und seinen Vater fürchten solle (vgl. Lev 19,3). Dies hat die Rabbinen dazu veranlasst, den Unterschied der beiden Wörter „ehren" und „fürchten" herauszuarbeiten, da aus der Sicht der jüdischen Exegeten kein Wort grundlos in der Tora steht. Das Ergebnis der rabbinischen Textinterpretation ist, dass mit *ehrfurchtsvollem* Verhalten in erster Linie der respektvolle Umgang gemeint ist (z. B. darf der Sohn nicht auf dem Platz des Vaters stehen oder er soll ihm nicht widersprechen). Im Unterschied dazu geht es bei der *Ehrung* laut Talmud in erster Linie um die körperliche Versorgung. Somit gibt es zwei grundlegende Pflichten gegenüber den Eltern: Man muss sich um ihre Altersversorgung kümmern, sobald dies nötig wird, und im Umgang mit ihnen muss man höflich und respektvoll bleiben. Laut Bibel soll der Mensch Gott lieben, aber auch den Mitmenschen und sogar den Fremden lieben. Es findet sich jedoch in der Bibel kein anderes Gebot, das das Ehren einer Person vorschreibt. Eine mögliche Erklärung könnte sein, dass die Bibel hier das ambivalente Verhältnis zu den eigenen Eltern berücksichtigt.

rabbinische Auslegungen

Jüdische Ausleger haben die Gebote in zwei Gruppen zu je fünf Gebote unterteilt: Die nach jüdischer Zählung ersten fünf Gebote regeln das Verhältnis zwischen Mensch und Gott (Mizwot bejn *Adam laMakom*). Die weiteren fünf Gebote betreffen ausschließlich das Verhältnis des Menschen zu seinen Mitmenschen (Mizwot bejn *Adam laChawero*). Daraus ergibt sich eine besondere Konstellation hinsichtlich des fünften (hier: vierten) Gebots. Denn es handelt sich bei ihm ja primär um ein zwischenmenschliches Gebot, das bei dieser Einteilung scheinbar der falschen Gruppe zugeordnet ist. Die jüdische Interpretation sieht allerdings in den ersten vier Geboten nicht nur Gebote, die das Verhältnis des Menschen zu Gott regeln, sondern auch zwischen dem Menschen und seinem Schöpfer. Da die Eltern in der jüdischen Auslegung – mithilfe Gottes – die Schöpfer ihrer Kinder sind, soll durch die besondere Positionierung des Elterngebots ihre Bedeutung in der Welt und für die Menschheit aufgezeigt werden. Die Eltern werden damit gewissermaßen zu Partnern Gottes, die ihm bei der Schöpfung zur Seite stehen. Im Talmud (Traktat Nidda 31a) steht sogar, dass das Ehren der Eltern von Gott so angesehen wird, als wenn Gott selbst geehrt würde. Im Umkehrschluss heißt dies, dass respektloses Verhalten den Eltern gegenüber eine Beschämung Gottes darstellt. Somit stellt das Gebot, die Eltern zu ehren, einen Übergang der rein gottbezogenen Gebote zu den zwischenmenschlichen Geboten dar.

Das Gebot ist das einzige Gebot des Dekalogs, das eine konkrete Belohnung für seine Beachtung in Aussicht stellt, nämlich ein langes und gutes Leben in dem von Gott versprochenen Land. Man könnte die versprochene Belohnung aber auch als Hinweis interpretieren, dass das Einhalten des Gebots die Grundvoraussetzung eines guten und langen Lebens ist. Nur ein gut funktionierendes Familienleben mit einer gesicherten Altersversorgung machte in der Antike ein langes und gutes Leben überhaupt möglich. Ein weiterer Erklärungsansatz wäre, das Versprechen so zu deuten, dass es sich um einen Einschnitt handelt und der erste Teil der Gebote hier endet. So gedeutet bezieht sich das Versprechen eines langen und guten Lebens auch auf alle vorher genannten Gebote, d. h. als Lohn auch für deren Erfüllung. Die Verheißung des Landes (vgl. Dtn 5,16b) verknüpft die Stammelternerzählungen des ersten Buchs Mose mit dem Dekalog.

praktische Konsequenzen

Schließlich kann auf einige praktische Konsequenzen aus dem Elterngebot in der heutigen jüdischen Tradition hingewiesen werden. Die Erfüllung des Gebots kann nur durch das beispielhafte Vorbild der Eltern gelingen. So wie Gott unser Vorbild ist und wir ihn nachahmen sollen, sollen Eltern ein Vorbild für ihre Kinder sein. Somit steckt hinter diesem Gebot genau genommen auch ein Erziehungsauftrag an die Eltern selbst. Werden die Eltern ihrer Vorbildfunktion nicht gerecht und Kinder stehen vor der Wahl zwischen den Eltern einerseits und Gottes Geboten andererseits, haben die Gebote Gottes Vorrang. Man darf seine Eltern jedoch nicht öffentlich zurechtweisen oder arrogant behandeln, sondern sollte sie möglichst rücksichtsvoll auf ihre Fehler hinweisen. Man soll die Eltern auch nach ihrem Tod ehren, indem man z. B. das *Kaddisch* (Trauergebet) spricht und die *Jahrzeit* (jährlicher Gedenktag am Todestag, an dem in Gedenken an die bzw. den Verstorbenen eine Jahrzeit- oder Seelenkerze angezündet und das Grab besucht wird) einhält. Die Gelehrten sind der Ansicht, dass das Studium der Tora und das Bewirken guter Taten den Eltern zur Ehre gereicht, da diese Tugenden auf deren gute Erziehung zurückzuführen seien.

Gleichbehandlung von Mutter und Vater

Stolpert man in der Lektüre des Gebots über die Reihenfolge der Nennung von Vater und Mutter, kann schließlich eine rabbinische Auslegung von Rabbi Ishmael zur Gleichbehandlung von Mutter und Vater hilfreich sein: „Offenbar und bekannt ist es ihm, der da sprach und die Welt entstand, dass der Mensch seine Mutter mehr als seinen Vater ehrt. Denn die Mutter beschwichtigt ihn mit sanften Worten. Auch ist es ihm, der da sprach und die Welt entstand, offenbar und bekannt, dass der Mensch seinen Vater mehr als seine Mutter respektiert. Denn der Vater lehrt ihn Tora. In dem Gebot, das von Respekt handelt, nennt er deshalb die Mutter vor dem Vater. Es gilt nämlich das Prinzip, dass die Tora, wenn sie an einer Stelle etwas unvollständig ausdrückt, es an anderer Stelle vervollständigt. Oder glaubst du etwa, dass, weil der eine oder der andere in einem Text zuerst erwähnt wird, er auch in der Tat dem anderen vorzuziehen ist? Nein! Deshalb heißt es in der Heiligen Schrift ja gerade: ‚Ein jeder von euch soll vor seiner Mutter und seinem Vater Ehrfurcht haben.' Das bedeutet, dass sie beide gleichwertig sind und dementsprechend behandelt werden müssen." (Mechilta de Rabbi Ishmael, Bachodesch Kap. 8, zit. nach: Neumann 2018) In der heutigen Zeit scheinen das Gebot und seine praktischen Konsequenzen für viele junge Menschen nicht mehr von wesentlicher Bedeutung zu sein. Das mag auch mit veränderten Familienstrukturen zusammenhängen. Trotzdem bleiben die Gebote verbindlich und die Tora der jüdische Wegweiser. Umso wichtiger ist es, über die Herausforderungen und die Schwierigkeiten der Erfüllung des Gebots in der Diskussion zu bleiben.

islamische Perspektive

Koran

Sowohl im Koran als auch in den Hadithen des Propheten Muhammad wird der respektvolle Umgang der Eltern thematisiert. Exemplarisch steht dafür Sure 17, die Nachtwanderung: „Dein Herr hat entschieden, dass ihr Ihm allein dienen und zu euren Eltern gut sein sollt. Wenn einer oder beide unter Altersschwäche leiden, sage ihnen niemals ein mürrisches Wort und fahre sie nicht an, sondern sprich sanft und ehrerbietig mit ihnen!" (Sure 17:22). In den Hadithen (Sprüche) des Propheten Muhammad fällt die Hervorhebung der Bedeutung der Mutter ins Gewicht, was angesichts der damaligen arabischen Stammesgesellschaft recht ungewöhnlich ist, denn Frauen wurden in den patriarchalen Strukturen wenig bzw. kaum beachtet. Islamische Gelehrte begründen die Bedeutung der Mutter mit ihrer Rolle als Trägerin des Lebens (Strapazen von Schwangerschaft und Geburt, Akt des Stillens). In vielen muslimischen Gesellschaften genießen ältere Menschen ein hohes Ansehen und auch der familiäre Zusammenhalt, insbesondere bei Pflegebedürftigkeit scheint weitestgehend zu funktionieren. Jedoch greifen auch dort gesellschaftliche Umbrüche und führen bei familiären Strukturen zu individualisierten Lebensentwürfen, was z. B. in einem muslimisch geprägten Land wie der Türkei zur Zunahme der Anzahl von Pflegeeinrichtungen für Ältere führt.

Zugang zum Bild

Abbildung: „Du sollst Vater und Mutter ehren", 90 x 65 cm, Mischtechnik auf Papier, 2001

Figuren/ Bildelemente

In der Bildmitte sitzen zwei Personen auf einem Sofa, offensichtlich Vater und Mutter, und schauen in einen Fernseher, der ganz dicht vor ihnen auf einem Tisch steht. Räumlichkeit entsteht durch Staffelung: Der Vater sitzt im Vordergrund und überlagert den Körper der Mutter, sodass nur ihr Dekolleté, ihr Kopf und ein Arm zu sehen sind. Fast der gesamte Raum einschließlich der Kleidung der Eltern ist in ein verwaschenes Blau getaucht, wodurch die Atmosphäre eines Fernsehabends im Dunkeln entsteht. Lediglich zur Schaffung von Kontrasten hat Lindenberg noch die Farbe Braun eingesetzt. Der Vater hält in der rechten Hand, den Arm angewinkelt, eine grüne Bierdose. Die Mutter hält in der linken Hand eine brennende Zigarette. Während der Vater mit trübem Gesichtsausdruck vor dem Fernseher hockt, scheint die Mutter besorgt oder verängstigt zu sein. Zudem befinden sich im Raum noch drei kleine Figuren: im Hintergrund, auf einer Standuhr sitzend, ein Mädchen, das sich mit beiden Händen festhält und in Richtung Fernseher schaut; direkt auf dem Fernsehgerät sitzend, eine jungenhaft aussehende Figur, die den linken Arm mit erhobenem Zeigefinger in die Höhe hält, die Beinchen vor den Fernsehschirm baumeln lässt und den Vater anzuschauen scheint; schließlich eine weitere Jungenfigur, die unter dem Fernsehtisch hockt, ängstlich blickt und sich von den Eltern abgewendet hat.

Emotionen und Beziehungen der Figuren

Es ist naheliegend, in den kleinen Figuren die Kinder dieser Eltern zu sehen. Lindenbergs gesellschaftskritische Darstellung einer allabendlich wiederkehrenden Familiensituation führt uns vor Augen, wie das Familienleben durch die Konsumhaltung der Eltern zerstört wird: Sie hocken vor der „Glotze", konsumieren Alkohol und Zigaretten und vernachlässigen ihre Kinder. Die Figur des Mädchens, das entrückt und verloren auf der Standuhr sitzt, erinnert an den Lindenberg-Song „Sie wollte Liebe", in dem die emotionale Kälte in der Familie und die Unfähigkeit der Eltern, sich ihren Kindern zuzuwenden, thematisiert wird: „Sie wollte Liebe – und kriegte Taschengeld; sie wollte Wärme – und die Heizung wurde angestellt; sie wollte reden – und kriegt 'n Videospiel, dann fragen die Kinder nicht so viel ..." Der unter dem Fernsehtisch sitzende Junge scheint Angst zu haben. Vielleicht darf er zur Strafe nicht fernsehen und muss deshalb unter dem Tisch hocken. Vielleicht ist er aber auch wegen des gewalttätigen Programms verängstigt und hat sich unter dem Tisch verkrochen. Und was ist mit dem auf dem Fernseher sitzenden Jungen? Ist er vielleicht das Lieblingskind der Eltern, dem der Vater zuprostet? Oder bedeutet der erhobene Zeigefinger des Jungen, dass er den Vater vor den Folgen des Alkoholkonsums warnt? Vielleicht handelt es sich bei der frech auf dem Fernseher sitzenden Figur gar um ein „Suchtteufelchen", das den Vater zum Trinken und die Mutter zum Rauchen animiert! Das alles weiß letztlich nur der Künstler selbst. An der Interpretation des Bildes bestehen indessen keine Zweifel: Solche bequemen, abgestumpften, nur konsumorientierten Eltern, die auf die freie Gestaltung ihres Lebens und das ihrer Kinder verzichten, taugen nicht als Vorbilder. Ihren Kindern wird es sehr schwerfallen, sie zu achten und zu ehren.

Didaktisch-methodische Perspektiven

Der respektvolle Umgang mit den Eltern und die Versorgungspflicht im Alter sind in Judentum und Christentum genauso verankert wie im Islam. In den Unterrichtsvorschlägen soll auf diese verschiedenen Lesarten des Gebots eingegangen werden und vergleichend die im Bild Lindenbergs zum Ausdruck kommende Deutung herausgearbeitet werden. Die Erarbeitung folgt folgenden Leitfragen:

Leitfragen

- *Welche Bedeutung hat das vierte (sonst: fünfte) Gebot im Judentum?*
- *Wie sieht das ideale jüdische Familienleben (nicht) aus?*
- *Welche Probleme gibt es in unserer Konsumgesellschaft?*
- *Welchen Blick wirft Udo Lindenberg auf die Gesellschaft?*
- *Wie lassen sich entsprechende gesellschaftliche Missstände verändern?*

interreligiöse Perspektive

Der *erste* Vorschlag „Zwei Perspektiven auf das Elterngebot: ein interreligiöser Dialog?" zielt darauf ab, dass die Schülerinnen und Schüler das vierte Gebot in der Bibel und seine verschiedenen Auslegungen, insbesondere auch in der jüdischen Tradition, kennenlernen.

Einstieg → AB 1

Auswertung

Transfer

Zum *Einstieg* lesen die Schülerinnen und Schüler den biblischen Text sowie einen weiteren Bibelvers (Lev 19,1–3) und setzen beide Texte zueinander in Beziehung. In der *Erarbeitung* prüfen sie ihre Ergebnisse an den Texten von Bernhard Lang und Rosa Rappoport und vergleichen beide Interpretationen miteinander. Hier sollten die Schülerinnen und Schüler im Sinne der *Ergebnissicherung* erkennen, dass die ursprüngliche Idee des Gebotes, wie sie Lang formuliert, einerseits und die jüdische Deutung des Gebots andererseits sich nicht widersprechen. Darüber hinaus können Sie in einem möglichen *Transfer* weitere Aspekte einer Fürsorgepflicht gegenüber den Eltern erarbeiten.

gesellschaftskritische Perspektive

Im *zweiten* Vorschlag „Die heutige Gesellschaft aus religiöser Perspektive kritisch in den Blick genommen" setzen sich die Schülerinnen und Schüler mit der gesellschaftskritischen Sichtweise eines Rabbiners auf die heutige Familiensituation auseinander.

Einstieg

Der *Einstieg* erfolgt über das Gedankenexperiment: Was macht aus Sicht der Schülerinnen und Schüler eine „ideale Familie" aus? Welche Erfahrungen haben sie selbst, welche Kriterien würden sie benennen?

Erarbeitung → AB 2

Auswertung

In der darauf folgenden *Erarbeitungsphase* analysieren sie die Kritik des Rabbiners Safran, sodass sie im Transfer selbstständige Rückschlüsse darauf ziehen können, wie aus dieser religiösen Sicht heraus ein ideales Familienleben aussehen könnte oder sollte. Zur *Auswertung* vergleichen die Schülerinnen und Schüler die eigenen Vorstellungen sowohl untereinander als auch mit denen des Rabbiners.

lebensweltbezogene Perspektive

Im *dritten* Vorschlag „Gefangen in der Digitalisierung?! Eigene Erfahrungen kritisch reflektiert" lernen die Schülerinnen und Schüler spezifische Herausforderungen der modernen Welt kennen, die sich auf das Familienleben negativ auswirken können.

Einstieg → AB 3

Zum *Einstieg* betrachten sie einen Comic zum Stichwort „Digitalisierung (social media)". Im darauf folgenden Unterrichtsgespräch soll auf die Fragen eingegangen werden, wie sich unsere Welt durch die digitale Revolution verändert hat und ob bzw. inwiefern unser Leben durch diese Einflüsse komplizierter, schwieriger oder auch leichter geworden ist. Die Schülerinnen und Schüler sollten hierbei eigene Erfahrungen mit einbringen.

Zur *Erarbeitung* werden mehrere Gruppen gebildet, die unterschiedliche Stressfaktoren unseres Zeitalters herausarbeiten sollen: Schulstress, Social Media, Spielsucht, Terminkalender, Freizeitaktivitäten usw. Jede Gruppe soll dabei auf eigene Erfahrungen zurückgreifen oder selbst recherchieren (bspw. unter www.planet-wissen.de) und eine Collage zum Thema (s. o.) anfertigen. In der *Auswertung* werden die Ergebnisse miteinander verglichen.

Erarbeitung

Auswertung

Der *vierte* Vorschlag führt nun in eine intensive Auseinandersetzung mit Lindenbergs Deutungen der Konsumgesellschaft in Bild und Text. Angezielt ist dabei, dass die Schülerinnen und Schüler die kritischen Perspektiven des Künstlers kennenlernen, sich dazu mit ausgewählten Kunstwerken (Bild, Song) auseinandersetzen und daraus mögliche Lösungen für Schieflagen in unserer Gesellschaft ableiten.

ästhetisch-kritische Perspektive

Zum *Einstieg* wird in einem kurzen Lehrervortrag unter Bezug auf einige biografische Daten (vgl. den Wikipedia-Eintrag und www.udo-lindenberg.de) darauf hingewiesen, dass sich der Künstler Udo Lindenberg schon vor Beginn des digitalen Zeitalters mit den Gefahren eines übermäßigen Medienkonsums auseinandergesetzt hat.

Einstieg

In der *ersten Erarbeitungsphase* analysieren die Schülerinnen und Schüler den Text des Liedes „Familie Kabeljau". Hier sollte deutlich werden, dass Lindenberg schon früh, bspw. mit dem Aufkommen der ersten Konsolenspiele, auf die Gefahren eines übertriebenen Medienkonsums hingewiesen hat. In der *zweiten Erarbeitungsphase* erfolgt die Bildanalyse aus dem Dekalog-Zyklus in einem gemeinsamen Unterrichtsgespräch mit dem für alle gut sichtbar projizierten Bild (s. S. 60).

Erarbeitung I

→ AB 4

Erarbeitung II

Im folgenden *Transfer* vergleichen die Lernenden Bild, Songtext und das biblische Gebot. Hier kann als inhaltliche Zielperspektive der Gedanke leitend sein, dass Lindenbergs bildliche Umsetzung des biblischen Elterngebots durch eine kontrastive und schonungslose Darstellung der gesellschaftlichen Realität erfolgt und dass dabei der religionsgeschichtlich tiefer liegende Sinn des Gebots, dass man sich um das Wohlergehen seiner Eltern im Alter sorgen soll, nur indirekt angesprochen wird. Allerdings kann das Bild deutlich werden lassen, dass die Erfüllung des Elterngebots durchaus auf Gegenseitigkeit beruht – vielleicht sogar als eine kritische Erweiterung des biblischen Textes?

Transfer

In der *Gesamtauswertung* dieses Vergleichs ist also herauszustellen, dass es Lindenberg um eine Kritik an solchen Eltern geht, die ihrer Vorbildfunktion ihren Kindern gegenüber nicht gerecht werden und damit selbst der Erfüllung des Gebots im Wege stehen. Damit spricht der Künstler dieselbe Problematik an wie Rabbiner Safran: Das lieblose, nur vom Konsum bestimmte Verhalten führt zu einer Entfremdung zwischen Eltern und Kind. Auch Safran kritisiert die Eltern, die durch ihr schlechtes Vorbild das Erfüllen des Gebots sehr schwer oder sogar unmöglich machen. Insbesondere kann hierbei das Motiv der „Trunkenheit des Vaters" in Bild und Text aufgegriffen werden. Abschließend kann mithilfe der methodischen Idee einer Wortwolke der Frage nachgegangen werden, welche Werte Familie und familiäres Leben primär auszeichnen können.

Auswertung

→ AB 2

→ AB 5

Eher *exkursartig* kann der Blick auf die Einstellung des Künstlers zur Konsumgesellschaft erweitert werden, indem man mit den Schülerinnen und Schülern ergänzend zur Bild- und Songtexterarbeitung Lindenbergs Selbstaussagen, Erfahrungen und Einstellungen zum Umgang mit Drogen und Alkohol thematisiert. In seiner Kindheit hat der Künstler unter der Alkoholsucht des Vaters gelitten und hat selbst schon mit 13 Jahren angefangen, Alkohol zu trinken und zu rauchen, wie er in einem Spiegel Online-Interview vom 27. Juli 2014 über seine eigene Kindheit und Jugend erzählt (vgl. www.spiegel.de/einestages/udo-lindenberg-ueber-seine-kindheit-in-gronau-a-961328.html, 24.04.2019). Erst kürzlich in seiner aktuellen Biografie „Udo" (Berlin 2018), aber auch schon in früheren Songs hat Lindenberg

biografischer Exkurs

immer wieder seine eigene Alkoholsucht thematisiert oder insgesamt die Frage nach dem Alkoholkonsum thematisiert, z. B. in „Lady Whisky" (1978), in „Unterm Säufermond" (1991), in „Woddy Woddy Wodka" (2008), in „Nasses Gold" (2008) oder in „Mein Body und ich" (2016). Hier werden durchaus Ambivalenzen sichtbar, ironische Brechungen, autobiografische Züge, aber auch gesellschaftskritische Stoßrichtung hinsichtlich des Umgangs mit Drogen und Alkohol, die ein vergleichendes Arbeiten mit Songs und Songtexten lohnenswert machen.

Verwendete Literatur

Der babylonische Talmud (^{2}2002). 12 Bde., übers. u. hg. v. Lazarus Goldschmidt, Frankfurt

Donin, Chajim Halevy (1987), Jüdisches Leben. Eine Einführung zum jüdischen Wandel in der modernen Welt, Zürich

„Lehre mich, Ewiger, Deinen Weg". Ethik im Judentum (2015), hg. v. Zentralrat der Juden in Deutschland und Schweizerischen Israelitischen Gemeindebund, Berlin

Neumann, Daniel (2018), Eltern: Das fünfte Gebot. Warum die Pflicht, Vater und Mutter zu ehren, Grundlage jeder funktionierenden Gesellschaft ist, in: Jüdische Allgemeine, Nr. 33 v. 16.08.2018

AB 1 Zwei Perspektiven auf das Elterngebot

Die Erklärung eines christlichen Bibelwissenschaftlers:

Im Gegensatz zur üblichen Auffassung hält das Elterngebot nicht unmündige Kinder zum Gehorsam in der Familie an. Die erwachsenen Kinder sind lediglich verpflichtet, für die betagten und arbeitsunfähigen Eltern zu sorgen. In der Antike gab es weder Altersheime noch eine von der Gemeinde organisierte Altenversorgung. Wer keine Kinder hatte, die in der Nähe lebten, blieb auf sich selbst angewiesen – und vielleicht auf gelegentlich geübte Barmherzigkeit anderer. Ein Weg, sich die Altersversorgung zu sichern, war die Adoption. Ein Erwachsener adoptierte einen jungen Menschen, vermachte diesem seinen Besitz, forderte jedoch vertraglich die regelmäßige Lieferung von Nahrungsmitteln und Kleidungsstücken. Zur Elternehre gehörten in der biblischen Welt auch die ordnungsgemäße Bestattung der Eltern sowie die Ehrung der Toten im Ahnenkult.

Garske, Volker/Lang, Bernhard, Die Zehn Gebote – Dtn 5,6–21 (Einfach Religion. Interpretationen – Unterrichtsmodell), Paderborn: Schöningh 2015, 95

Eine Jüdische Interpretation:

Im Talmud[1] (Traktat Kidduschin 31b) werden Speisen, Getränke, Kleidung, das Ankleiden und das Ausführen der Eltern als verpflichtende Handlungen genannt, um das vierte Gebot zu erfüllen. Im dritten Buch Mose gibt es ein weiteres Gebot, das die Eltern betrifft. Dort steht, dass jeder seine Mutter und seinen Vater fürchten solle (vgl. Lev 19,3: „Jeder von euch soll Mutter und Vater fürchten und auf meine Schabbatot achten; ich bin der Herr, euer Gott."). Dies hat die Rabbinen dazu veranlasst, den Unterschied der beiden Wörter *ehren* und *fürchten* herauszuarbeiten, da aus der Sicht der jüdischen Bibelinterpreten kein Wort grundlos in der Tora steht. Das Ergebnis ihrer Analyse ist, dass mit ehrfurchtsvollem Verhalten in erster Linie der respektvolle Umgang gemeint ist (z. B. darf der Sohn nicht auf dem Platz des Vaters stehen oder er soll ihm nicht widersprechen), im Unterschied zur Ehrung, bei der es in erster Linie laut Talmud um die körperliche Versorgung geht. Somit gibt es zwei grundlegende Pflichten gegenüber den Eltern: Man muss sich um ihre Altersversorgung kümmern, sobald dies nötig wird, und im Umgang mit ihnen soll man höflich und respektvoll bleiben.

Rosa Rappoport

[1] Der Talmud ist ein großes Kommentarwerk zur Tora, den fünf Büchern Mose. Er ist in den ersten Jahrhunderten u. Z. entstanden und ist bis heute eines der bedeutendsten Schriftwerke im Judentum.

1. Gebt die zentralen Inhalte der beiden Texte wieder.
2. Vergleicht die Aussagen. Findet ihr Widersprüche?

AB 2 Ein jüdischer Rabbiner blickt kritisch auf die Familie von heute

„Schaut ihn euch an, den Menschen unseren Zeitgenossen. [...] Er richtet sich in sich selbst ein, hauptsächlich deshalb, weil er fest entschlossen ist, jede metaphysische, geistige und nicht nur religiöse und göttliche Beziehung zu beendigen. [...] Und als ob dies nicht genügte, wird der zeitgenössische Mensch, indem er sich selbst fremd wird, indem er sich von Gott entfremdet, auch den Mitmenschen in seinem Haus fremd, in dem die Anwesenheit Gottes (Schechina) fehlt. [...] Der Vater ist betrunken, selbst wenn die Ursache dafür nicht immer im Wein liegt. Er gleicht einer betrunkenen Person, die außer sich ist und ihre eigenen Rechte mit Füßen tritt. Er weiß nicht, was er von den Mitmenschen in seinem Haus erwarten soll, noch was sie verpflichtet sind, ihm zu geben. Die Mutter hat aufgehört, die Hüterin des Familienlebens zu sein. Die Frau, die nach Willen und Weisheit des Schöpfers erschaffen worden ist, weiß nicht mehr um ihr Recht, eine Frau, die Hausherrin, das Haus selbst, das echte Haus zu sein. Und dort, wo das Haus nicht die Frau ist, gibt es kein Haus. [...] Die Kinder bleiben alleine. Sie sehen nur Vernachlässigung und finden keinen Grund mehr, ihre Eltern zu ehren, die aufgehört haben, durch ihr Beispiel und durch das Gehen des rechten Weges Lehrer zu sein. Die Söhne vernachlässigen es, ihre Eltern zu ehren. Die Kinder verwerfen ihre Eltern. Und jeder geht willkürlich seinen Weg."

Safran, Alexandre, Jüdische Ethik und Modernität, Tübingen und Basel:. Francke 2000, übersetzt von Simon Marvel, 105 f., zit. nach: „Lehre mich, Ewiger, Deinen Weg". Ethik im Judentum, hg. v. Zentralrat der Juden in Deutschland und Schweizerischen Israelitischen Gemeindebund, Berlin: Hentrich und Hentrich Verlag 2015, 141

1. Arbeitet die Probleme heraus, die Rabbiner Safran hinsichtlich der Familie sieht. Geht dabei auch auf seine Haltung gegenüber dem Familienvater ein und überlegt, was der Autor damit meint, dass der Vater betrunken sei, „selbst wenn die Ursache dafür nicht immer im Wein liegt".
2. Prüft, ob bzw. inwiefern der Rabbiner mit seiner Kritik recht hat, und nehmt kritisch Stellung zu seinen Ansichten.
3. Folgert aus euren Erarbeitungen, wie sich der Autor ein intaktes Familienleben vorstellen könnte. Könnt ihr dem zustimmen?

AB 3 Gefangen in der Digitalisierung?!

toonpool.com, Berlin: PETRE

„e-Stress"

1. Beschreibt und deutet den Comic.
2. Überlegt, wer im 21. Jahrhundert noch alles auf der Couch des Therapeuten landen könnte.
3. Benennt Unterschiede zwischen Jugendzeit eurer Eltern oder Großeltern und heute. Was hat sich in Bezug auf Medien und Freizeitbeschäftigungen verändert?
4. Nehmt Stellung zu einigen Veränderungen.

Best.-Nr. 122825

AB 4 Udo Lindenberg: Familie Kabeljau

Herr und Frau Kabeljau
glotzen Video und TV
ständig rappelt der Recorder
und die Pizza kommt per Fernsehorder
Kabelfernsehen, BTX
Computerspiele, 1000 Tricks
Pantoffelcockpit, Heimpiloten
das sind echte Videoten
Und das Söhnchen spielt so gerne
Krieg der Knöpfe, Krieg der Sterne
tüchtig süchtig, Atari Junkie
voll verseuchtes, kleines Kanki
Und man sieht ihn auch vor'm Testbild liegen
und sich ohne Grund vor Lachen biegen
Und überhaupt, wie toll, denkt er, dass man
mit Computi besser spielen kann
als mit Jan von nebenan

Familie Kabeljau glotzt die Nonstop-Schau
mit dem Vierkant-Auge im Gesicht
und der Erleuchtung im dunklen Flimmerlicht
Familie Kabeljau sieht die Horrorschau
Mit dem Schlafwagenhirn und der Neandertalstirn
ja, an den Kabeln hängt der hohle Kopf
wie an einem Tropf

Und es sprach der Minister
Dr. H. C. Kabelknister
von der schönen neuen Welt
keine Arbeit, trotzdem Geld
Ja, der Microchip aus Taiwan
macht die Arbeit dann
Und wenn dann nix mehr zu tun is'
fahr'n wir nach Tunis
wo wir in der Sonne sitzen
und ganz locker um die Ecke schwitzen

Familie Kabeljau glotzt die Nonstop-Schau
mit dem Vierkant-Auge im Gesicht
und der Erleuchtung im dunklen Flimmerlicht
Familie Kabeljau sieht die Horrorschau
Mit dem Schlafwagenhirn und der Neandertalstirn
die Hirne sind total verödet
macht ja nix, wenn man verblödet

1. Hört euch den Song von Udo Lindenberg an und schildert eure Höreindrücke.
2. Arbeitet aus dem Songtext die zentralen Aussagen heraus. Setzt dabei auch den Songtitel zu den Inhalten in Beziehung.
3. Erörtert die Frage, worauf der Song zielt und was seine Kernaussage sein könnte. Passt seine „Botschaft“ auch noch in die heutige Zeit?
4. Setzt den Song und das Bild „Du sollst Vater und Mutter ehren“ zueinander in Beziehung.

AB 5 Familienwerte auf den Begriff gebracht – persönliche Wortwolken erstellen

stock.adobe.com: laufer

1. Auf dem Bild einer sogenannten Wortwolke seht ihr viele Werte, die für ein intaktes Familienleben wichtig sein könnten. Welche davon findet ihr wichtig? Beschafft euch ggf. einige Begriffsübersetzungen. Begründet eure Auswahl.
2. Erstellt selbst zwei Wortwolken: eine „Familienwerte-Wortwolke" mit Werten, die euch persönlich wichtig sind, sowie eine Wortwolke mit Aspekten, die einem intakten Familienleben im Wege stehen könnten. Vergleicht eure Ergebnisse untereinander.
3. Erörtert gemeinsam verschiedene aktuelle Formen des Familienlebens (Klein- und Großfamilien, alleinerziehende Eltern, Mehrgenerationenfamilien, gleichgeschlechtliche Elternpaare etc.) und überlegt, welche besonderen Herausforderungen, Probleme oder Chancen sich daraus ergeben.

Modul 6:

Du sollst nicht töten

Du sollst nicht morden. (Dtn 5,17)

Zugang zum Text

nicht morden

Der von Udo Lindenberg gewählte Bildtitel entspricht nicht dem hebräischen Original, denn das hebräische *Lo Tirzach* wird mit „Du sollst nicht morden" übersetzt. Für den Begriff „Töten" finden sich in den heiligen Schriften allerdings andere Begriffe. Im Deutschen ist „Töten" ein Verb, das allgemein die aktive Beendigung eines Lebens ausdrückt, wofür im Hebräischen der Begriff *harag* verwendet wird. Die Übersetzung „Du sollst nicht töten" findet sich allerdings in vielen vor allem christlichen Übersetzungen, zuletzt auch sowohl in der revidierten Lutherbibel als auch in der neuen Einheitsübersetzung, beide von 2017. Nach jüdischer Lesart und Zählung gilt *Lo Tirzach* als sechstes Gebot des Dekalogs und gehört damit zur „zweiten Tafel" der Gebote. Das fünfte Gebot gilt als eine Überleitung zwischen dem Verhältnis von Mensch und Gott, das jüdische sechste Gebot ist daher das erste, in dem es um das Verhältnis des Menschen gegenüber seinen Mitmenschen geht.

jüdische Perspektive

Um das Gebot, seine Übersetzung sowie religiöse bzw. historische Interpretation betrachten zu können, ist es sinnvoll, sich zunächst die Auffassung des Judentums dem Leben gegenüber klar zu machen. Das menschliche Leben in der Tora ist heilig. Für die Rettung eines Menschen ist es nicht nur erlaubt, sondern vielmehr gefordert, alle anderen Gebote außer Kraft zu setzen. Die einzigen Ausnahmen dafür sind Mord, Götzendienst und Inzucht. Der Jerusalemer Talmud drückt dies in dem Traktat Sanhedrin (23a – b) aus: „Wer eine Seele zerstört, ist, als hätte er eine ganze Welt zerstört. Und wer ein Leben rettet, wird angesehen, als hätte er eine ganze Welt gerettet." Wer also bspw. aufgefordert wird, einen Mord zu begehen (oder Götzendienst zu tun bzw. Inzucht zu begehen), um jemanden zu retten, darf dies nicht tun, wie auch im babylonischen Talmud (Joma 82b) beschrieben: „Ein Mann kam zu dem großen Gelehrten Rava und erzählte, dass der babylonische Herrscher ihn aufforderte, eine Person zu töten, ansonsten würde ihn der Herrscher selbst töten. Rava belehrte ihn daraufhin, dass er sich töten lassen müsse, denn das Blut des einen sei so rot wie das Blut des anderen."

Heiligung des Lebens

Die drei Gebote „Du sollst nicht morden", „Du sollst nicht ehebrechen" und „Du sollst nicht stehlen" werden in der rabbinischen Literatur als drei Voraussetzungen gewertet, die einen Menschen innerhalb der Gesellschaft, in der er lebt, schützen sollen. Jedes dieser Gebote besteht im hebräischen Original aus zwei Wörtern, die als ein scharf ausgedrückter Imperativ gesehen werden können. Die Reihenfolge entspricht der Wertigkeit des Lebens in einer funktionierenden Gesellschaft: das Leben als solches, die Ehe als heilige Institution, der physische Besitz des Einzelnen. Die Heiligkeit des Lebens resultiert aus der Gottebenbildlichkeit des Menschen (vgl. Gen 1,26f.), das heißt in jedem Menschen existiert etwas Göttliches. Daraus folgt in aller Konsequenz wiederum das Verbot des Suizids und des Mordens (Jacobs 1997, 580 f.). Auch ein *Midrasch* (jüdische Textauslegung) zu *Schawuot* (jüdisches Wochenfest, Fest der Übergabe der Tora) setzt den Dekalog in einen systematischen Zusammenhang zur Schöpfungserzählung und stellt die Gebote als Grundrechte eines allgemein gültigen Naturrechts dar. Schöpfungstheologisch steht das Gebot „Du sollst nicht morden" wiederum in deutlichem Kontrast zur Tötung von Tieren zwecks Ernährung des Menschen (vgl. Gen 1,20: „Es soll wimmeln das Wasser von lebenden Wesen" und noch deutlicher bspw. Gen 9,3 und Ps 87ff.), weil man Menschen nicht wie Fische oder Vögel jagen darf (Krochmalnik 2000, 104 f.).

islamische Perspektive

Koran

Der Koran enthält viele Verse, in denen Gewalt thematisiert wird. Wichtig ist deren historische Lektüre und Kontextualisierung. An mancher Stelle ruft er zur Gewalt auf, an mancher wiederum zur Gewaltlosigkeit. Häufig wird mit folgendem Vers von Fundamentalisten der Kampf gegen „Ungläubige“ legitimiert: „Die Feinde (die euch als Erste angreifen) sollt ihr überall dort schlagen, wo ihr sie findet und sie aus den Stätten vertreiben, aus denen sie euch vertrieben haben“ (Sure 2:191). Wenn man dazu den vorausgegangenen Vers betrachtet, erkennt man den Kontext: „Für Gottes Sache sollt ihr gegen den Feind Krieg führen, aber erst dann, wenn ihr angegriffen werdet. Überschreitet nicht das Maß (indem sie Kriege anzetteln oder Menschen angreifen, ohne angegriffen zu werden)! Gott liebt diejenigen nicht, die Überschreitungen begehen.“ (Sure 2:190) Beide Verse lassen erkennen, dass es sich hierbei um Selbstverteidigung handelt und die Gläubigen im Falle eines Angriffs ihre Feinde töten dürfen – es handelt sich insbesondere nicht um einen „Freibrief zum Töten“. In öffentlichen Debatten wird zu wenig das Friedenspotenzial des Islam thematisiert, denn es gilt, „dass jeder, der einen Menschen tötet [...], gleichsam die ganze Menschheit tötet und wer einem, den der Tod bedroht, zum Leben verhilft, der hat gleichsam der gesamten Menschheit zum Leben verholfen“ (Sure 5:32). Hier wird die stilistische und inhaltliche Nähe zu der talmudischen Aussage (s. o.) offensichtlich. Der Koran greift mit dieser Aussage einen Brauch auf, der in der Entstehungszeit des Islam weit verbreitet war: die Tötung weiblicher Neugeborener. Im heidnischen Arabien wurden Mädchen gerade in ärmeren Familien als Ballast oder Schande empfunden, in kriegerischen Auseinandersetzungen waren sie der Gefahr ausgesetzt, versklavt und verkauft zu werden. Daher wurden viele Mädchen – je nach sozialem Status der Familie – von ihren Vätern zum Teil lebendig in der Wüste begraben. Der Koran beschreibt diese Situation: „Wenn einem von ihnen gemeldet wird, dass ihm eine Tochter geboren wurde, trübt sich sein Gesicht, und er verbeißt nur mühsam seine Enttäuschung. Er versteckt sich vor den Menschen wegen der schlimmen Nachricht, die ihm überbracht wurde. Soll er das Kind trotz der Schmach am Leben lassen oder es lebend in der Erde verscharren? Wie schlimm urteilen sie doch!“ (Sure 16:58 f.)

christliche Perspektive

Gewalt und Gewaltlosigkeit

das fünfte Gebot im Katechismus

Das Christentum hat eine jahrhundertelang andauernde Gewaltgeschichte, die in krassem Kontrast zum fünften Gebot steht und nicht mit der von Jesus von Nazareth gepredigten bedingungslosen Gewaltlosigkeit und Feindesliebe in Einklang steht. Seit Kaiser Konstantin und der Transformierung des Christentums zur Staatsreligion (Konstantinische Wende), über die durch Papst Urban II. (1095) legitimierten Kreuzzüge, den zumindest in seinen Konsequenzen auch nicht gewaltlosen Antisemitismus Luthers bis hin zu den ambivalenten Haltungen der Kirchen in den beiden Weltkriegen des 20. Jh. kann eine lange Spur der psychischen und physischen Gewalt gezeichnet werden. Nach dem Zweiten Weltkrieg berufen sich viele Christen, nicht zuletzt im Kontext der Friedensbewegung, auf eine Ausweitung des biblischen Tötungsverbots über dessen ursprünglichen engen Bezug auf das absichtliche, hinterhältige Töten eines Menschen (Mord) hinaus, abgeleitet von der Grundüberzeugung der unantastbaren Würde des Menschen und des umfassenden Schutzes menschlichen Lebens. Exemplarisch für die bleibende Verankerung des Dekalogs im Glaubensgut der Kirchen kann die Ausdifferenzierung des fünften Gebots und seiner Bezüge des Katechismus der Katholischen Kirche (KKK) angeführt werden. Er unterscheidet fünf Felder bei der moralischen Beurteilung des Tötens menschlichen Lebens: Notwehr, Mord, Abtreibung, Euthanasie und Selbstmord. Während die Tötung aus Notwehr (KKK Nr. 2263 – 2267) als Verantwortung oder sogar Verpflichtung des Menschen gegenüber sich selbst, gegenüber anderen, seiner Familie und dem Gemeinwesen gilt, wird Mord (Nr. 2268 f.) als eine absichtlich herbeigeführte und niederträchtige Tat scharf verurteilt und gilt als schwere Sünde. Ebenso gelten Abtreibung (Nr. 2270 – 2275) und Euthanasie bzw. Sterbehilfe (Nr. 2276 – 2279) als moralisch verwerflich und als sittlich unannehmbar. Dasselbe gilt für den Suizid, hier in nicht unproblematischer Weise als „Selbstmord“ bezeichnet (Nr. 2280 – 2283).

Zugang zum Bild

Abbildung: „Du sollst nicht töten", 65 x 50 cm, Mischtechnik auf Papier, 2001

Figuren

Die rechts stehende Figur lässt durch Kleidung und Schuhe einen Soldaten vermuten, der statt eines Gewehrs einen Knüppel in der Hand hält und nicht zuletzt dadurch große Ähnlichkeit mit einem militanten Neonazi (vgl. Lindenbergs Bildserie „Pimmelköppe" auf www.udo-lindenberg.de) aufweist. Die stehende Figur bildet eine Vertikale, seine Körperhaltung gegenüber der liegenden Person lässt sie fest und stabil wirken. Die am Boden liegende Figur scheint keine Kleidung zu tragen, sie bildet eine Horizontale und wirkt erstarrt, bewegungslos und verängstigt. Dieser Kontrast wird durch den Fuß der stehenden Figur auf dem Kopf der liegenden verstärkt. Die Darstellung ist asymmetrisch und vermittelt dadurch kein Gleichgewicht der Komposition. Die leichte Verlagerung des Schwerpunkts nach rechts lässt das Bild optisch interessant wirken. Darüber hinaus können die verwendeten Farben in ihrem Symbolgehalt gelesen werden: Rot stellt zum einen die Farbe des Blutes dar, gilt aber auch als eine Warnfarbe, wirkt mitunter aggressiv und als Ausdruck von Macht. Letzteres muss auch in einen inhaltlichen Zusammenhang zu dem auf dem Bild mehr „gespritzten" (Blutspritzer?!) als gemalten roten Farbauftrag, ausgehend von dem überdimensional großen Knüppel, gebracht werden. Gelb gilt ebenfalls als Warnfarbe und steht für Leichtsinn oder Verrat, wirkt hier drohend, warnend oder auch irgendwie „irrsinnig". Das Grün der Militärfarbe in der Uniform der stehenden Person deutet einerseits Kraft oder Energie an, andererseits aber auch Fäulnis, Gift oder Tod. Weiß symbolisiert oftmals Reinheit, Unschuld oder Leichtigkeit und Ordnung. Die am Boden liegende Person, in Weiß gehalten und lediglich mit einfachen Umrissen gezeichnet, erscheint hier als unschuldiges Opfer einer „grünbraunen" Gewalt. Verstärkt wird dieser Kontrast durch den grau schattierten Hintergrund des Bildes, was für Neutralität und Gleichgültigkeit oder auch Elend stehen kann. Der graue Hintergrund lässt aber auch den Eindruck von Grausamkeit oder von einem charakterlosen (gleichgültigen?!) Umfeld entstehen. Der Hintergrund, die weiße Figur, der Anzug in Tarnfarben und das signalhafte Gelb und Rot erzeugen schließlich Hell-Dunkel-Kontraste, die beim Betrachter eine gewisse Spannung und Dramatik auslösen. Verstärkt wird diese „gewaltbezogene Dramatik" noch durch die Gestalten der Figuren selbst: die stehende erscheint breit, die liegende eher schmal; die Linien der stehenden Figur sind kantig, die der liegenden Figur weich geschwungen; die stehende Figur ist „massig", die liegende „leicht".

Bildaufteilung/ Farbgestaltung

gewaltbezogene Dramatik

Das Bild bringt insgesamt recht eindeutig und ohne Hintersinn zum Ausdruck, dass übermäßige und sinnlose Gewalt im Namen bestimmter menschenverachtender Ideologien (schwarze Springerstiefel, Glatze!) an der Tagesordnung sind, nicht nur in kriegerischen Konflikten. Das gleichgültige Grau des Hintergrunds mag auf die Gesellschaft hindeuten, in deren Mitte es tagtäglich zu solchen und ähnlichen Gewaltausbrüchen bis hin zu Mord und Totschlag kommt.

Didaktisch-methodische Perspektiven

gesellschafts-kritische Perspektive

Ziel der im Folgenden vorgeschlagenen Unterrichtssequenz ist zum einen die Auseinandersetzung mit der im Bild ausgedrückten Botschaft von (rechtsradikaler) Gewalt im Kontrast zu den Grundrechten und zum anderen die Frage nach der Unterscheidung zwischen Morden und Töten in dem genannten Gebot. Dabei soll auch die Lebenswirklichkeit der Schülerinnen und Schüler berücksichtigt werden, indem diese ihr eigenes Wertesystem bzw. entsprechende Erfahrungen mit Grundrechtsverletzungen prüfen. Die im Bild von Lindenberg ausgelösten Impulse werden voraussichtlich den Blick der Schülerinnen und Schüler auf die Themenfelder Krieg und Gewalt lenken, die durch lebensweltliche Erfahrungen und Kenntnisse (Nachrichten über Kriege und Terror, ggf. Erfahrungen von geflüchteten Mitschülerinnen und Mitschülern, psychische und physische Gewalt in der Gesellschaft, in der eigenen Schule oder im privaten Umfeld, rechtsradikale Gewalt etc.) auch bei Jugendlichen präsent sind und mitunter auch einen sie interessierenden und auch emotional berührenden Fragenkomplex darstellen.

Einstieg
Erarbeitung I

Einführend wird das Bild als stummer Impuls genutzt. Die Schülerinnen und Schüler sollen es zunächst auf sich wirken lassen und spontane Äußerungen treffen. In der *ersten Erarbeitung* wird das Bild zunächst unter verschiedenen Aspekten beschrieben. Dabei sollen sie Farbkompositionen, ggf. auch die Farbsymbolik, Aufbau und Kontraste und insgesamt die Wirkung von Farbe und Gesamtbild beschreiben sowie schließlich mögliche Aussagen des Bildes benennen. Dies kann methodisch auch in kleinen Gruppen in Form eines Placemats mit einem farbigen (!) Ausdruck des Bildes in der Blattmitte erfolgen. Die Ergebnisse sollen dann als Tafelbild in Tabellenform nach den vorher erfragten Kriterien festgehalten werden.

Erarbeitung II
→ AB 1
→ Einführung

In der *zweiten Erarbeitung* werden die Grundrechte aus dem Grundgesetz eingespielt, die für Lindenberg ein zentrales Wertesystem bilden und vor dessen Hintergrund wiederum sein Engagement gegen rechte Gewalt zu verorten ist. Die im Bild zum Ausdruck kommende Gewalt durch rechtsradikale Neonazis (vgl. Lindenbergs Bilderserie „Pimmelköppe") macht auf die Verletzung der Grundrechte aufmerksam, soll hier aber auch dazu anregen, über weitere Grundrechtsverletzungen nachzudenken.

Vertiefung/Transfer
→ AB 2

In *Vertiefung* und *Transfer* werden die Schülerinnen und Schüler mit weiteren Darstellungen des fünften Gebots konfrontiert, die miteinander verglichen werden sollen. Mögliche inhaltliche Kontexte (vgl. Aufgabe 2) wären im Bild von Sascha Dröger das gespielte Töten in Videospielen oder 3D-Shootern, das von den Akteuren möglicherweise nicht mehr von der Realität unterschieden werden kann (vgl. die zahlreichen Amokläufe an Schulen in der Vergangenheit). Die Zuordnung einzelner Bilder zu bestimmten Geboten in Keith Harings Zyklus ist nicht eindeutig herzustellen (Reilly 2006, 407 f.), allerdings stechen zwei Bilder hervor: Das eine ähnelt der Darstellung Lindenbergs und zeigt gezielte Gewalt gegenüber einem am Boden liegenden Menschen, dessen Lebensatem (Geist, Seele ?) im Moment des Entweichens dargestellt ist; das andere zeigt zwei Figuren, die an einem Kind zerren und möglicherweise dessen Tötung riskieren – aus Eifersucht, Habgier, Neid, Besitzstreben? Die Bilder frieren faktisch die Momente des Tötens/Mordens ein und sind daher als provozierende Gegenbilder zum Verbot aufzufassen (Reilly 2006). Als ein solches „produktives Antibild" kann auch Lindenbergs „Du sollst nicht töten" gesehen und gelesen werden.

Verwendete Literatur

Jacob, Benno (1997), Das Buch Exodus, hg. v. Leo Baeck Institut, Stuttgart

Katechetische Blätter, Heft 6/2006: Themenheft „Die Zehn Gebote" (mit den Bildern von Keith Haring)

Katechismus der Katholischen Kirche (KKK). Neuübersetzung und korrigierter Nachdruck, München u. a. 2005 (online unter: www.vatican.va)

Krochmalnik, Daniel (2000), Schriftauslegung. Das Buch Exodus im Judentum, Stuttgart.

Reilly, George (2006), Keith Harings Gegenbilder zum Dekalog, in: Katechetische Blätter 131, 407–410

AB 1 Die Würde des Menschen

Aus dem Grundgesetz (GG) der Bundesrepublik Deutschland

Artikel 1

(1) Die Würde des Menschen ist unantastbar. Sie zu achten und zu schützen ist Verpflichtung aller staatlichen Gewalt.

(2) Das Deutsche Volk bekennt sich darum zu unverletzlichen und unveräußerlichen Menschenrechten als Grundlage jeder menschlichen Gemeinschaft, des Friedens und der Gerechtigkeit in der Welt.

(3) Die nachfolgenden Grundrechte binden Gesetzgebung, vollziehende Gewalt und Rechtsprechung als unmittelbar geltendes Recht.

Artikel 2

(1) Jeder hat das recht auf die freie Entfaltung seiner Persönlichkeit, soweit er nicht die Rechte anderer verletzt und nicht gegen die verfassungsmäßige Ordnung oder das Sittengesetz verstößt.

(2) Jeder hat das Recht auf Leben und körperliche Unversehrtheit. Die Freiheit der Person ist unverletzlich. In diese Rechte darf nur aufgrund eines Gesetzes eingegriffen werden.

Artikel 3

(1) Alle Menschen sind vor dem Gesetz gleich.

(2) Männer und Frauen sind gleichberechtigt. Der Staat fördert die tatsächliche Durchsetzung der Gleichberechtigung von Frauen und Männern und wirkt auf die Beseitigung bestehender Nachteile hin.

(3) Niemand darf wegen seines Geschlechtes, seiner Abstammung, seiner Rasse, seiner Sprache, seiner Heimat und Herkunft, seines Glaubens, seiner religiösen oder politischen Anschauungen benachteiligt oder bevorzugt werden. Niemand darf wegen seiner Behinderung benachteiligt werden.

Grundgesetz. München: dtv [49]2018

1. Stellt die wesentlichen Aussagen der ersten drei Artikel des GG dar und findet Beispiele für die Erfüllung und auch für die Gefährdung dieser Grundrechte. Denkt dabei auch an unmittelbare Situationen und Erfahrungen aus eurer Nähe oder in eurer Schule.
2. Schaut euch auf www.udo-lindenberg.de Lindenbergs Bilderserie „Pimmelköppe“ an und vergleicht die Darstellungen mit dem Bild zum fünften Gebot.
3. Informiert euch über die Initiativen „Rock gegen rechte Gewalt“ bzw. „Rock gegen Rechts“ und stellt sie in wesentlichen Zügen dar.
4. Erörtert mögliche Zusammenhänge zwischen den Grundrechten des GG, der künstlerischen Interpretation des fünften Gebots bei Udo Lindenberg und seinem Engagement gegen rechte Gewalt.

AB 2 Das fünfte Gebot im Vergleich

Sascha Dörger: „Du sollst nicht töten“ (2010?)

Keith Haring: The Ten Commandments (1985)

1. Der Pop-Art-Künstler Keith Haring hat 1985 einen Bilderzyklus zu den Zehn Geboten entworfen, allerdings ohne durch einen Titel eine eindeutige Zuordnung der Einzelbilder zu einem bestimmten Gebot vorzunehmen. Diskutiert, welche(s) der Bilder am ehesten das fünfte Gebot abbilden könnte(n).
2. Vergleicht die Darstellungen von Udo Lindenberg, Sascha Dörger und Keith Haring. Welche inhaltlichen Kontexte könnten hinter den einzelnen Bildern stehen? Vergleicht und diskutiert eure Ergebnisse in Partnerarbeit.
3. Wenn man die hebräische Urfassung des Gebots zugrunde legt, muss man es korrekterweise mit „Du sollst nicht morden" (im Hebräischen: Lo Tirzach) übersetzen. Denn verboten war zu biblischen Zeiten das absichtliche, willkürliche und hinterhältige Töten eines Menschen (= Mord), insbesondere eines persönlichen Feindes. Erlaubt hingegen war das Töten im Krieg, die Todesstrafe für schwere Vergehen, der Suizid eines Menschen und die Tötung von Tieren. Diskutiert gemeinsam diese Unterscheidung und nehmt dazu persönlich aus heutiger Sicht Stellung.
4. Vergleicht vor dem Hintergrund der Unterscheidung zwischen Morden und Töten die hier abgebildeten Darstellungen. Folgen sie jeweils einer bestimmten Lesart bzw. Übersetzung?

Modul 7:

Du sollst nicht ehebrechen

Du sollst nicht die Ehe brechen. (Dtn 5,18)

Zugang zum Text

Das Gebot macht darauf aufmerksam, dass die eheliche Bindung eines Mannes oder einer Frau von anderen Menschen respektiert werden soll. Nach biblischer Rechtsauffassung bricht eine Frau, die untreu ist, ihre eigene Ehe und ein untreuer Mann bricht in die Ehe eines anderen Mannes ein. Insgesamt wird mit der Ehe ein grundlegendes Gut der menschlichen Gesellschaft angesprochen, sie wird geschützt als „Wiege und Hort neuen Lebens" (Garske/Lang 2015, 33). Innerhalb des Judentums genießt die Ehe einen besonderen Status, denn Mann und Frau bilden eine von Gott gegebene Einheit. Diese durch Ehebruch zu zerstören wäre gravierend. Das Judentum ist insgesamt eine die Sexualität bejahende Religion, die sexuelle Beziehung wird in der Ehe ausgelebt. Das Recht der Frau auf sexuell befriedigenden Geschlechtsverkehr ist Inhalt der *Ketuba*, dem Ehevertrag, und eine der Pflichten des Ehemannes gegenüber der Frau. Talmudisch wird – je nach Beruf des Mannes – auch näher erläutert, wie häufig die Frau dieses Recht in Anspruch nehmen darf. Während es im Judentum viele Gelegenheiten und Situationen für Gebete und Segenssprüche gibt, ist die Privatsphäre des Schlafzimmers davon ausgenommen. Während bis zum 11. Jahrhundert die Polygamie für Männer im *aschkenasischen*, d. h. dem europäischen Kulturkreis entstammenden Judentum erlaubt war und im *sephardischen*, d. h. vor allem dem nordafrikanischen Kulturkreis entstammenden Judentum die männliche Polygamie teilweise bis in die Neuzeit anhielt, ist eine verheiratete Frau für alle anderen Männer tabu. Der Staat Israel verbot 1948 die Polygamie, akzeptierte jedoch die Vielehen der jüdischen Einwanderer aus Afrika und Asien, die aus ihrer ursprünglichen Heimat fliehen mussten. Die Tora und auch das jüdische Schrifttum der Antike sahen die Frau als eine zurückhaltende, schüchterne Person, die sich mit Hingabe der Familie und dem Haus widmet. Der Talmud geht davon aus, dass sich die Frau ihrem Ehemann in Belangen des öffentlichen Lebens unterordnet und umgekehrt dieser sich ihr, wenn es um Regeln innerhalb des häuslichen Bereichs geht. Eine Frau, die sich diesem Ideal gegenüber kontrovers verhielt, etwa frei und allein in geschlossenen Räumen mit anderen Männern sprach, sich außerhalb des häuslichen Bereichs vergnügte, war nach traditionellem Verständnis verdächtig und galt nicht als eine *Eshet Chajil* (Siddur 2014, 271), d. h. als tüchtige Frau, die besungen und gelobt wird.

biblische Rechtsauffassung

jüdische Perspektive

jüdische Perspektive

Zu den menschlichen Bedürfnissen gehört zweifellos die Sexualität, die im Islam als eine sehr starke und positiv besetzte Kraft gesehen wird. Sie soll natürlich gelebt werden und es gibt sogar ein formuliertes Recht auf Sexualität. Der Ort, an dem sie ausgelebt wird, ist die Ehe. Denn auch nach islamischer Auffassung sind Ehe und Familie die Keimzelle der Gesellschaft, die ein Ort des Friedens und der Geborgenheit sein soll. Nach dem Koran ist die Ehe auf Gegenseitigkeit gegründet und zielt nicht nur auf die Befriedigung des menschlichen Sexualtriebs: „Und unter seinen Zeichen ist dies, dass er Gattinnen für euch aus euch selber schuf, auf dass ihr Frieden bei ihnen finden möget; und er hat Zuneigung und Barmherzigkeit zwischen euch gesetzt." (Sure 30:21) Außereheliche Sexualität wird als gesellschaftlich destruktiv betrachtet. Der Ehebruch wird als Bruch des Versprechens, das man bei der Eheschließung dem Partner gegeben hat, gedeutet. Allerdings beginnt dieser Bruch bereits bei Gedanken und Blicken: „Sage den gläubigen Männern, sie sollen den Blick niederschlagen und ihre Keuschheit wahren. Das ist lauterer für sie. Gottes Kenntnis umfasst alles, was sie tun." (Sure 24:30) Deutlicher wird es noch in einem *Hadith* (Spruch) des Propheten formuliert: „Die Augen begehen Unzucht, ihre Unzucht ist es, zu schauen. Die Lippen begehen Unzucht, ihre Unzucht ist es, zu küssen. Die Hände begehen Unzucht, ihre

islamische Perspektive

Koran

Unzucht ist es, zu berühren. Die Füße begehen Unzucht, ihre Unzucht ist es, zu gehen. Die Organe vervollständigen die Tat entweder oder nicht.“ Daher soll nach islamischer Rechtslehre nicht nur der Ehebruch, sondern auch das, was dorthin führt, verhindert und vermindert werden. Die juristischen Empfehlungen sind diesbezüglich normativ formuliert und weitreichender als das bloße Verbot des Ehebruchs. So heißt es im Koran: „Und nähert euch nicht der Unzucht (dem Ehebruch). Gewiss, sie ist eine schändliche Tat und erbärmlich ist dieser Weg.“ (Sure 17:32) Auch wenn die Quellen keine Unterscheidung zwischen Männern und Frauen machen und die Regeln für beide gelten, bekommt man in manchen muslimischen Gesellschaften den Eindruck, dass sie nur die Frauen betreffen.

Zugang zum Bild

Abbildung: „Du sollst nicht ehebrechen“, 190 x 40 cm, Mischtechnik auf Leinwand, 2001

Figuren

Bei der Betrachtung des Bildes fällt spontan der übergroße Finger der nackt dargestellten Person rechts im Bild auf, der etwa die gleiche Größe hat, wie der dargestellte erigierte Penis. Der Finger ist in einer lockenden Geste auf die dargestellten Personen links im Bild gerichtet. Ebenso ist die Frau in der rechten Bildhälfte unbekleidet. Auch ihr übergroßer Finger ist auf die dargestellten Figuren links im Bild gerichtet. Linksseitig sind zwei Figuren dargestellt, als Mann und Frau. Der Mann trägt einen Hut, der als die für Lindenberg typische Kopfbedeckung identifiziert werden kann. Es stellt sich daher die Frage, ob dies als eine Selbstdarstellung des Künstlers interpretiert werden kann. Das Bild ist im Querformat erstellt, was die narrative Verlaufsstruktur und das konsekutive Ablesen von links nach rechts unterstreicht. Die Darstellung im Bild ist linear wie eine Geschichte, die Verlaufsstruktur wird zudem vom Farbverlauf unterstützt. Das Bild kann durch eine Mittelsenkrechte in etwa zwei gleiche Teile geteilt werden. Es wird eine Symmetrie generiert, die vom Betrachter als harmonisch wahrgenommen wird. Die Größenunterschiede im Bild, das heißt das zusammenstehende Paar links und die zwei einzelnen Personen rechts im Bild lassen ein Ungleichgewicht entstehen, wodurch das Bild unausgeglichen, aber auch dynamisch wirkt. Der anscheinend auslaufende Farbauftrag der rosafarbenen Fläche wirkt wie eine Illusion, die Darstellung gewinnt dadurch ein träumerisches Element. Im Kontrast dazu stehen die harten Kanten der violetten Fläche links. In der Kunst wird Rosa als blasses Rot bezeichnet, was wiederum Rückfragen an den Bildinhalt zulässt: Rot steht in seiner Symbolik für Erregung, Erotik, Aktivität, Leidenschaft, Würde, Liebe, aber auch für Aggression und Tatendrang. Seine Wirkung ist erregend, belebend, kraftvoll, aber auch aggressiv oder exzentrisch. Ist es schon diese Ambivalenz, die das Bild prägt? Unterstützt wird dieser Eindruck durch den linken Bildrand, der ganz in dunklem, fast schwarzem Violett gehalten ist und dadurch die innere Ambivalenz des Bildes verstärkt.

Bildaufteilung/ Farbgebung

Beziehungen der Figuren

Die Haare der Frau auf der rechten und die Hutkrempe des Mannes auf der linken Seite sind gelb, sodass beide miteinander korrespondieren. Gelb kann die Sehnsucht nach Liebe, Leben, Licht oder Trost symbolisieren, aber auch auf Leichtsinn, Verschwendung und Verrat hindeuten. Das Gelb im Bild wirkt dadurch zugleich verbindend oder sehnsuchtsbetonend einerseits und drohend oder warnend andererseits und wirkt dadurch wiederum ambivalenzverstärkend. Nimmt man imaginäre Bildachsen zu Hilfe, zeigt sich, dass die Frau rechts auf Höhe der Blickrichtung des Mannes links steht sowie entsprechend die beiden anderen Figuren. Die Frau lockt also den Mann und der Mann lockt seinerseits die Frau, beide sind in analoger Weise der Verlockung/Versuchung ausgesetzt. Die Kleidung der Figuren am linken Bildrand ist in Graublau gehalten, wirkt dadurch eher neutral, gleichgültig, nüchtern oder unbeteiligt. Aber kann das angesichts der lockenden Gesten auf rosarotem Untergrund überhaupt sein? Auch hier fliegt den Betrachter eine gewisse Ambivalenz an. Die männliche Figur links umfasst mit der rechten Hand die rechte Schulter der davorstehenden Frau, vertraulich, schützend – oder eher zurückhaltend und an sich bindend? Sein ernster, fest entschlossener Blick steht in Kontrast zu den eher ratlosen oder traurigen Gesichtszügen der Frau. Ist der „Mann mit Hut“ hier der Beschützer einer ehelichen Verbundenheit und damit – ganz im Sinne des biblischen Gebots (s. o.) – des Lebens insgesamt angesichts der (ver-)lockenden Bedrohungen gegenüber? Das Weiß des linken Hintergrunds könnte einerseits auf diese eheliche Ordnung hinweisen, die durch das „herüberschwappende“ Rosarot in Gefahr zu geraten scheint.

Didaktisch-methodische Perspektiven

Für Schülerinnen und Schüler der angesprochenen Altersgruppe ist Ehe bzw. Ehebruch sicher noch kein Thema, allenfalls aus den Ehen ihrer Eltern und möglicherweise problematischen Situationen, falls diese geschieden sind. Es ist ebenfalls anzunehmen, dass für die Schülerinnen und Schüler das Gebot vor allem auf einer sexuellen bzw. eine bestimmte Sexualmoral betreffenden Ebene betrachtet wird, d. h. „Ehebruch“ wird gleichgesetzt mit „Fremdgehen“.

Einstieg

Zunächst soll in einem *Einstieg* mit einer verlangsamten Bildbetrachtung gearbeitet werden. Dazu wird das Bild von Lindenberg (ohne erkennbaren Titel!) projiziert und zunächst die rechte Bildhälfte einschließlich des rosaroten Hintergrunds abgedeckt. Die Schülerinnen und Schüler werden aufgefordert, die *linke* Bildhälfte zu beschreiben und hierbei besonders auf den Ausdruck (Mimik, Blick, Gestik, Haltung) der Personen zu achten. Anschließend sollen sie Hypothesen zur rechten Bildhälfte aufstellen: Wohin könnte der Blick der beiden Figuren gehen? Was könnte auf der rechten Bildseite zu sehen sein und welche Farben oder Formen könnten auftreten? Anschließend wird in der *ästhetischen Erarbeitung* das gesamte Bild in den Blick genommen: Sorgt es für Überraschung oder haben sich bereits in diese Richtung zielende Vermutungen gezeigt? Das Bild wird genau beschrieben, insbesondere auch im Blick auf Farbgebung, Hintergrund sowie aussagestarke Achsen (s. o.) sowie mit der Titelnennung ergänzt.

ästhetische Perspektive Erarbeitung I

Erarbeitung II

→ AB 1

Da der Bildtitel eindeutig auf das biblische Gebot hinweist, widmet sich die *zweite Erarbeitungsphase* dem Eheverständnis in biblischer Zeit. Es ist sinnvoll, den Schülerinnen und Schülern die Ehe früher und heute als eine schützenswerte Institution innerhalb von Gesellschaften zu vermitteln und dabei wichtige historische Hintergründe zum biblischen Gebot zu liefern. Insbesondere spielt dabei auch der unterschiedliche Umgang mit dem Verhalten von Mann und Frau eine Rolle, über das die Jugendlichen heute schnell Unverständnis äußern werden. Im Vergleich zwischen Bild und Text kann diese „Ausweitung“ des Gebots vom Ehebruch zum Fremdgehen bereits in Erscheinung treten, denn Lindenbergs Bild macht hier keine Unterscheidung zwischen Mann und Frau (auch wenn er hier durchaus als Schützer der Frau gesehen werden kann). Auch die sexuelle Dimension wird im Bild wohl gegenüber dem biblischen Gebot überbetont. In einem *ersten Transfer* sollen die Schülerinnen und Schüler ihren Blick daher nun selbst weiten auf die Beziehungsqualität des „Versprechens zwischen zwei Menschen“. Während „Versprechen“ Vertrauen und Verlässlichkeit impliziert, beinhaltet „zwischen zwei Menschen“ Nähe und Exklusivität. Damit sind Gefühle bzw. Werte wie Schutz, Geborgenheit und Treue oder Vertrauen angesprochen. Aus dem Bruch dieser Werte resultieren Enttäuschung oder sogar das Gefühl von Verrat. Dies entspricht wohl auch der Lebenserfahrungen vieler Jugendlicher. Die Schülerinnen und Schüler bearbeiten die Tabelle zunächst in Einzelarbeit, dann vergleichend in einer sich anschließenden Diskussion. Hier können bereits divergierende Wertvorstellungen bzw. Wertesysteme aufeinandertreffen. Ein *vertiefender Transfer* widmet sich wiederum dem Bild Lindenbergs. Mithilfe des Sachhintergrunds zum biblischen Gebot ist bereits deutlich geworden, dass das Gebot keinesfalls auf eine sexuelle Dimension zu beschrän-

Transfer I

lebensweltbezogene Perspektive

→ AB 2

Transfer II

ken ist, die im Bild aber deutlich hervortritt. Demgegenüber werden aber auch zuvor erarbeitete inhaltliche Aspekte künstlerisch umgesetzt (Stabilität und Vertrautheit bei den linken Figuren, Weiß als Farbe der Ordnung und Reinheit etc.). Das kann noch einmal im gemeinsamen Unterrichtsgespräch herausgestellt werden, bevor der Lerngruppe die Aufgabe erteilt wird, ein Sprechtheater zu entwickeln, in dem sie die Aspekte und Ergebnisse der Erarbeitungsphase auf die Situation des Bildes anwenden, gegenlesen oder beides miteinander konfrontieren und dem Bild dadurch eine narrative Struktur geben. Das geschieht mit dem Arbeitsblatt und der zentralen Aufgabenstellung: „Wählt allein oder gemeinsam in einer Kleingruppe eine beschriebene Methode aus und bringt die auf dem Bild von Udo Lindenberg abgebildeten Figuren miteinander oder auch mit sich selbst ins Gespräch.“ Die vorgeschlagenen Methoden sind Anreize für eine kreative Schreibphase zum Bild Lindenbergs, in der Schülerinnen und Schüler zugleich einen bestimmten Aspekt aus dem vergangenen Unterricht verfolgen sollen.

→ AB 3
Anwendung

Verwendete Literatur

Jacob, Benno (1997), Das Buch Exodus, hg. v. Leo Baeck Institut, Stuttgart. Siddur Schma Kolenu, Basel 2014

AB 1 Der Ehebruch in biblischer Zeit

Wer heute das 6. Gebot „*Du sollst nicht die Ehe brechen*" (Dtn 5,18; Übersetzung: B. Lang) mit anderen Texten des Alten Testaments vergleicht, staunt nicht schlecht: So hatte etwa der große Stammvater Abraham zeitweise gleich zwei Frauen an seiner Seite, Könige wie der fromme David besaßen sogar ein ganzes Harem und wechselten ihre Sexpartnerinnen nach Belieben. Es war die Zeit der Polygamie, ein Mann besaß in der Regel mehrere Frauen. Erst allmählich entwickelte sich die Monogamie (ein Mann hat eine Frau).

Das Verbot des Ehebruchs galt jedoch nur für einen Mann, der mit einer verheirateten Frau verkehren wollte und für eine verheiratete Frau, die Gefahr lief, untreu zu werden. Er brach dann in die fremde Ehe und damit in den Besitzstand eines anderen Mannes ein – sie verletzte beim Fremdgehen die Eigentumsrechte ihres Mannes. Weil die Ehe ein Besitzverhältnis darstellte, bedeutete Ehebruch so viel wie: das geschlechtliche Besitzrecht des Mannes missachten. War die Frau jedoch unverheiratet, so verbot das 6. Gebot dem Mann den Seitensprung nicht, selbst wenn er verheiratet war; denn der Mann konnte immer nur eine fremde Ehe brechen, nie die eigene. Auch dass zu Zeiten Jesu der Mann schon wegen einer schlechten Mahlzeit seine Frau einfach aus der Ehe entlassen konnte, ließ dem Mann natürlich einige Hintertürchen offen, um zu mehr Abwechslung zu kommen.

Die Gelegenheit zum Einbruch in eine fremde Ehe oder zum Ausbruch aus der eigenen ergab sich nicht selten durch längere Abwesenheit der Männer auf Geschäftsreisen oder im Krieg. Außerdem bewegten sich die Frauen Israels frei in der Öffentlichkeit, sie waren keineswegs im Harem eingesperrt. Nur unverheiratete Mädchen hielt man vorsichtshalber zu Hause.

Wer sich in die biblische Welt begibt, stellt also schnell fest, dass es mit der Moral nicht weit her war. Das 6. Gebot hatte kaum Interesse an der Sexualmoral. Wäre es um moralische Prinzipien wie die sexuelle Treue gegangen, hätte dem Mann jeder Seitensprung verboten werden müssen. Worauf aber kam es dem Gebot dann eigentlich an?

Als die Israeliten noch nomadische Viehzüchter waren, sicherte die Polygamie aufgrund der hohen Kindersterblichkeit und der großen wirtschaftlichen Herausforderungen das Überleben der Sippe. Auch zu Zeiten der Monogamie waren Kinder wichtige Arbeitskräfte für die Familie. Die eheliche Verbindung so eines Mannes und einer Frau sollte daher von anderen Menschen respektiert werden. Wie bei dem vorangegangenen Gebot wurde auch hier ein wichtiges Gut der Gesellschaft angesprochen. Die Ehe als Wiege und Hort neuen Lebens bedurfte des besonderen Schutzes, denn von ihr profilierte letztlich auch die Gesellschaft. Das Gebot schützte die Ehe in erster Linie aus wirtschaftlichen Gründen: Sie sollte so unantastbar sein wie Leben und Besitz. Wer das Gebot missachtete, musste mit harten Strafen wie Körperverstümmelung und sogar Tod rechnen.

Garske, Volker/Lang Bernhard, Die Zehn Gebote – Dtn 5,6–21 (EinFach Religion. Interpretationen – Unterrichtsmodell), Schöningh: Paderborn 2015

1. Arbeitet die wesentlichen Inhalte des Textes zum Verständnis der Ehe sowie des Ehebruchs in biblischer Zeit heraus.
2. Nehmt Stellung zu der unterschiedlich vorgenommenen Bewertung des Verhaltens von Mann und Frau.
3. Setzt das biblische Gebot auf Grundlage der Aussagen dieses Textes und die künstlerische Umsetzung im Bild von Udo Lindenberg zueinander in Beziehung. Erkennt ihr Ähnlichkeiten oder Unterschiede? Wo stellt das Bild das Gebot dar und wo geht es vielleicht andere Interpretationswege?

AB 2 Eigene Vorstellungen von einer gelingenden Beziehung

Wenn man Regeln oder Erwartungen für und an eine gelingende Paarbeziehung aufschreiben möchte, macht man sich natürlich auch Gedanken darüber, wo Untreue oder auch Fremdgehen eigentlich beginnen. Im Folgenden siehst du eine Liste mit mehreren möglichen Antworten. Einige Zeilen sind noch frei geblieben, in die ihr eigene Antworten eintragen könnt!

1. Ordnet die Aussagen zu (1) oder (2) zu und vergleicht anschließend euer Ergebnis in Partnerarbeit. Diskutiert eure Ergebnisse.

(1) = Untreue ist, wenn sie/er …

(2) = Fremdgehen ist, wenn sie/er …

Aussage	Zuordnung	kurze Begründung
… dem besten Freund bzw. der besten Freundin mehr (an-)vertraut als mir.		
… an andere Mädchen bzw. Jungen denkt.		
… sich mit einem bzw. einer anderen trifft und sie gemeinsam ausgehen.		
… mit einem bzw. einer anderen flirtet.		
… andere küsst.		
… ständig anderen hinterherschaut und deren Aussehen beurteilt.		
… mit jemand anderem schläft.		
… sich bei dem besten Freund bzw. der besten Freundin über mich beschwert.		
… mit dem besten Freund bzw. der besten Freundin über mich redet.		
…		
…		
…		

2. Wendet die Aussagen aus der Tabelle positiv: Was müsste jemand tun, damit sie bzw. er euch ihre bzw. seine Treue zeigen kann?

3. Formuliert euer aktuelles sechstes Gebot. Stellt eure Ergebnisse im Plenum vor und diskutiert sie.

AB 3 Ein Sprechtheater entwerfen

Nach klassischem Verständnis wird *Sprechtheater* als die Darstellung eines durch *das gesprochene Wort* beschriebenen Problems oder ausgetragenen Konflikts definiert. Bei einem Sprechtheater geht es um ein *Spiel mit Worten*, das heißt Textpassagen stehen im Vordergrund, wenn Akteure auf die Bühne treten (Schauspiel). Daneben gibt es das Musiktheater (Gesang, Musik) oder das Tanztheater (Bewegung, Tanz). Im Folgenden findet ihr einige Methoden zur Auswahl, mit denen ihr ein kleines Sprechtheater entwerfen könnt.

1. Überlegt, welcher Aspekt oder Gedanke der bisherigen Arbeit mit Gebot und Bild euch am meisten beeindruckt hat. Fertigt dazu ein paar Notizen an.
2. Wählt allein oder gemeinsam in einer Kleingruppe eine beschriebene Methode aus und bringt die auf dem Bild von Udo Lindenberg abgebildeten Figuren miteinander oder auch mit sich selbst ins Gespräch. Achte darauf, dass bei der inhaltlichen Gestaltung euer bzw. ein ausgewählter Schwerpunkt von Aufgabe 1 deutlich zum Ausdruck kommt.
3. Präsentiert und diskutiert anschließend eure Ergebnisse.

a) Innerer Monolog: Identifiziert euch mit einer der dargestellten Figuren. Stellt euch vor, was sich diese Figur in der dargestellten Szene für Gedanken machen könnte, was sie bewegt, was sie fühlt oder was sie gerade jetzt empfindet. Entwickelt diese Gedanken weiter, indem ihr Neues dazu assoziierst, möglicherweise eine Geschichte vor der Szene erzählt, weitere Fragen stellt oder überraschende Ideen zulasst.

b) Dialog: Wählt aus allen möglichen Figurenpaaren eines aus und verfasst zwischen den beiden Figuren einen Dialog. Bedenkt, dass dabei je nach Wahl der Figuren die Bildmitte als „Grenze“ überschritten werden kann oder auch nicht. Die Figuren können über sich selbst und ihre Beziehung zueinander oder auch über die anderen beiden diesseits oder jenseits der „Grenze“ sprechen.

c) Streitgespräch: Wählt zu viert jeweils eine eigene Figur des Bildes aus und nehmt deren jeweilige charakteristische Rolle ein. Erarbeitet ein fiktives Streitgespräch zwischen den Figuren. Dabei sind unterschiedliche Akzentsetzungen möglich: eine Debatte über bestimmte Sachverhalte, ein dynamisches Streiten über vergangene Erlebnisse, ein Austausch von Gefühlen etc. Wenn ihr mögt, könnt ihr das Streitgespräch auch in Szene setzen.

d) Eine Szene zu einer Geschichte entfalten: Stellt euch vor, die im Bild dargestellte Szene hat zu einem bestimmten Zeitpunkt eine längere Geschichte „eingefroren“. Was könnte vorher passiert sein, was könnte nachher geschehen? Versucht, die Szene „aufzutauen“ und entfalte sie zu einer zusammenhängenden Geschichte.

e) Einen Raptext schreiben: Der Rap ist ein schneller markanter Sprechgesang, in dem eine Geschichte erzählt wird und immer wieder witzige, überraschende oder freche Pointen auftauchen. Raps können mehrere Strophen und einen Refrain haben und werden in der Regel um Reime herum geschrieben. Diese wiederum verbinden die einzelnen Zeilen so miteinander, dass sie flüssig gesprochen werden können und einen gewissen Sog auf den Zuhörer ausüben. Schreibt zu der dargestellten Szene einen passenden Raptext.

Best.-Nr. 122825

Modul 8: Du sollst nicht stehlen

Du sollst nicht stehlen. (Dtn 5,19)

Zugang zum Text

Eigentumsrechte

Israel schützt mit dem Gebot die Eigentumsrechte des Menschen. Alles Eigentum soll geschützt werden, doch war ein besonders häufig vorkommendes Delikt der Viehdiebstahl, vor dem der Großbauer bewahrt werden soll, um sein wirtschaftliches Auskommen zu sichern. Ein weiteres Verbrechen lag im Menschenraub, die Gefangennahme eines Menschen und der Verkauf in die Sklaverei. In der lukanischen Gleichniskette über das Verlorene (Drachme, Schaf, Sohn; vgl. Lk 15) zeichnet sich dieser sozialgeschichtliche, hochaktuelle Hintergrund ebenfalls ab: Jesus entlastet gemäß sozialgeschichtlicher Exegese mit seinen Gleichnissen gerade die Prostituierten, deren Lebensweg bereits in jungen Jahren durch Raub und Verkauf bzw. Vermietung an Kuppler vorgezeichnet und der eben nicht auf der Basis einer freien Willensentscheidung verfolgt wurde (Garske 2010, 20).

islamische Perspektive

Koran

Im Vergleich zu Lesarten im Islam fallen Parallelen auf, auch wenn Tier- und Menschenraub nicht eigens erwähnt werden: Der Schutz des Eigentums ist für den Koran ebenfalls ein zentrales Gebot, was durchaus als ein Regulator des sozialen Friedens in einer Gesellschaft zu sehen ist. Der Koran definiert, was er unter rechtmäßigem Besitz versteht: „Ihr Gläubigen! Ihr sollt einander nicht durch Betrug um Hab und Gut bringen, sondern im gegenseitigen Einvernehmen Handel miteinander treiben“ (Sure 4:29). Hier wird deutlich, dass beim Handel transparente Regeln benötigt werden, mit denen beide Partner ihr Einverständnis erklären. Alles, was unrechtmäßig erworben wurde, wird auch vom Propheten Muhammad unter *haram* (nicht erlaubt) eingestuft und soll vermieden werden: „Oh ihr Menschen! Seid gottesfürchtig, verdient euren Unterhalt (*rizq*) auf eine schöne Weise [...] Nehmt das Erlaubte (*halal*) und lasst das nicht Erlaubte (*haram*)“ (Hadith Ibn Madscha). In besonderer Weise macht der Koran auf die Situation von Waisenkindern aufmerksam, deren Besitz von ihrem Vormund nicht gemindert werden darf: „Ihr sollt mit dem Hab und Gut der Waise äußerst gewissenhaft umgehen, bis sie volljährig ist. Ihr sollt so korrekt und gerecht messen und wiegen wie menschenmöglich“ (Sure 6:152). Der Koran geht sogar so weit, alle Menschen immer nach dem Gerechtigkeitsprinzip zu behandeln, und warnt vor dem Unrecht, auch wenn die negativen Emotionen überwiegen: „Euer Hass gegen einige Menschen soll euch nicht dazu verleiten, ungerecht zu sein. Seid gerecht, so kommt ihr der Frömmigkeit am nächsten! Fürchtet Gott! Gott weiß genau, was ihr tut“ (Sure 5:8). Auch wenn der Koran als Schrift aus dem 7. Jh. n. d. Z. nur von materiellen Gütern spricht, unterscheiden heutige muslimische Rechtsgelehrte sie nicht von geistigen Gütern und ordnen den illegalen Besitz von geistigem Eigentum in diese Kategorie ein.

Zugang zum Bild

Abbildung: „Du sollst nicht stehlen“, Mischtechnik auf Papier, 2001

Bildelemente/ Motive

Von dem nahezu gänzlich in Weiß gehaltenen Hintergrund heben sich drei recht kleine, aber zentrale Motive ab. *Erstens* steht in der Mitte des Bildes als horizontale Mittelachse der Schriftzug „Du sollst nicht stehlen“. Mit der Hand geschrieben, läuft der Zug über zwei Zeilen, das Verb „stehlen“ hat der Künstler dabei nicht in die obere Zeile, sondern allein und zentriert unter das „Du sollst nicht“ gesetzt. So wird es besonders betont, weil der Lesefluss des Betrachters kurz unterbrochen wird, wenn er am Satzanfang mit dem Lesen beginnt. Sein Auge muss am Ende der oberen Linie eine Zeile tiefer wandern. Es kann jedoch auch sein, dass der Betrachter erst gar nicht dem üblichen Leseprinzip folgen kann, weil sein Blick sofort auf das „stehlen" fällt. Provoziert werden dürfte diese umgehende Fokussierung durch zwei schwarze Wandhalterungen, die sich als *zweites* Motiv auf gleicher Höhe mit dem Verb befinden und damit ebenfalls Bestandteile der Mittelachse sind, jedoch etwas abgesetzt von ihm am rechten und linken Rand des Bildes platziert wurden und das „stehlen" somit förmlich einrahmen. Die Halterungen dürften als Bilderhaken gedient haben, denn graue Schlieren (*drittes* Motiv), die von beiden Haken je senkrecht nach oben und unten verlaufen, verraten, dass hier bis vor Kurzem noch ein Bild, ein Spiegel, ein Regal, ein Schrank o.Ä. gehangen haben muss, dessen Rahmen sich auf der weißen Wand über die Zeit hin abgezeichnet hat. Da die Haken Schatten werfen, entsteht zusätzlich der Eindruck, eine Lichtquelle, die den Schriftzug besonders gegenüber den Grautönen am unteren Bildrand hervorhebt, befinde sich direkt vor der Wand, gleichsam auf Höhe der Augen des Betrachters. Während Haken und Schriftzug einen statischen Eindruck hinterlassen, wird dieses Moment durch die feinen Schlieren mit einem Motiv der Bewegung kontrastiert.

Bildaufteilung/ Farbgebung

Durch die Anordnung und die Kontrastierung dieser kleinen Bildelemente mit der großen weißen und leeren, ernst und schwerwiegenden Fläche wird das Augenmerk also geschickt auf das gelenkt, was nun nicht mehr da ist, da es – dem zentriert angeordneten Verb gemäß – gestohlen wurde. Die große leere, letztlich erbärmlich erscheinende Wand, die dem Betrachter Raum für Spekulationen über den geraubten Gegenstand lässt, deutet an, dass es sich für den Besitzer nicht um eine Bagatelle handelt. Was fehlt, hat zuvor einen großen Platz (im Leben) eingenommen und hinterlässt eine große traurige Lücke. Mit dem gestohlenen Gegenstand wurde aber – im Bild gesprochen – auch das moralische System des

Raub

Besitzers aus den Angeln gehoben. Der Raub hinterlässt also auch insofern schmutzige Spuren, als eine Gesellschaft, die das Eigentum des Dritten nicht mehr achtet, ethisch an

Appell

Wert verliert. Der nachträglich aufgeschriebene Appell gibt es dem Dieb und dem Betrachter sprichwörtlich (hand-)schriftlich, dass der Respekt vor dem Eigentum des Nächsten zu achten sei. Falls es sich bei dem Gegenstand um ein Bild oder ein ähnliches Kunstobjekt handelt, dürfte der Vorwurf zu konkretisieren sein: Was in dem Fall des Kunstdiebstahls eine Lücke hinterlässt, ist nicht allein ein eventuell materiell kostbares Bild, sondern es ist – auch nach moderner islamischer Lesart – auch ideell wertvoll, es ist geistiges Eigentum.

Kunstfreiheit

Bei einer solchen Deutung stünde die Kunst als Hort der geistigen Freiheit grundsätzlich auf dem Spiel. Was mag das für ein Dieb sein, der sich womöglich durch Kunst so bedroht fühlt, dass er zur Inhaftierung von Künstlern, Bücherverbrennung, Index u.a. Maßnahmen greift, um der Gesellschaft eines der wichtigsten Korrektive zu rauben, die sie hat? Notabene: Es waren die Propheten, die an die Einhaltung der Gebote erinnerten, die später die Basis des Dekalogs bildeten, und sie taten dies im Gewand der Theaterschauspieler, Liedermacher und Künstler mit illustren (Sprach-)Bildern. Die Verfolgung der Propheten war so gesehen auch immer ein Angriff der Mächtigen aus Religion und Staat auf gesellschaftskritische Kunst – und damit ganz sicher im Sinne des Bildes Udo Lindenbergs ein Verstoß gegen das siebte Gebot.

Didaktisch-methodische Perspektiven

Einstieg

Die folgenden Übungen können am ehesten in einer Doppelstunde durchgeführt werden. Zum *Einstieg* betrachten die Schülerinnen und Schüler zunächst das verfremdete Original:

ästhetische und gesellschaftskritische Perspektive

Der Schriftzug wurde zuvor von der Lehrkraft gelöscht (abgedeckt oder übermalt). Sie spekulieren über mögliche Gegenstände, die an der Wand angebracht waren, sich nun aber nicht mehr dort befinden und machen sich Gedanken zum Kontext der leeren Wand. Folgende Impulse für ein gemeinsames Unterrichtsgespräch sind denkbar:

1. Betrachtet das Bild eine Weile allein und beschreibt es dann gemeinsam in der Lerngruppe.
2. Erörtert den Kontext des Motivs von der leeren Wand: Was könnte dort an der Wand gehangen oder gestanden haben? Warum hat man es weggenommen? Was geschieht nun mit der Wand?

Da über einen Diebstahl in diesem Zusammenhang höchstens spekuliert werden kann und daneben auch andere Kontexte wie eine anstehende Renovierung, ein Umzug, ein Austausch des alten Gegenstandes etc. erdacht werden können, gerät erst mit dem Aufdecken des Originals das Diebstahlverbot in Form des Schriftzuges in den Fokus.

Problemaufwurf/ Erarbeitungsphase
→ AB 1
Vertiefung

Damit ergibt sich ein *Problemaufwurf* und eine folgende *Erarbeitungsphase*: Wie deuten Schülerinnen und Schüler Lindenbergs Bild insbesondere dann, wenn es sich bei dem gestohlenen Gegenstand um ein Bild als Ausdruck geistigen Eigentums handelt (Aufgabe 2)? Diesen Überlegungen kann eine *Vertiefung* angeschlossen werden (Aufgabe 3), in dem Beispiele zur sog. „entarteten Kunst" und zu aktuellen Fällen eines politisch motivierten Boykotts bildender Kunst (bspw. gegenüber dem chinesischen Künstler Ai Weiwei) gefunden werden. Die Ergebnisse werden im Plenum vorgestellt.

biblische und lebensweltbezogene Perspektive

Die biblisch-historische Kontextualisierung des Gebots macht darauf aufmerksam, dass im Zentrum des Gebots wohl ursprünglich der Viehdiebstahl gestanden hat, wenn auch die allgemein gehaltene Formulierung (ohne ein gezieltes Objekt) natürlich auch alles Eigentum schützen möchte. Darüber hinaus kann man das Gebot sogar auf das Delikt des Menschenraubs beziehen und damit von einem Verbrechen der Freiheitsberaubung sprechen. Auf dieser Grundlage erfolgt ein *Transfer* in die Lebenswelt der Schülerinnen und Schüler. Die Aufgabenstellung soll dafür sensibilisieren, dass jeder Diebstahl ein Eingriff in die Privatsphäre eines Menschen ist, der auch seelische Schäden hinterlassen kann.

Transfer
→ AB 2

Verwendete Literatur

Garske, Volker (2010), Das Gleichnis vom verlorenen Sohn. Lk 15,1–3.11–32 (Einfach Religion. Interpretationen – Unterrichtsmodell), Paderborn

Garske, Volker/Lang Bernhard (2015), Die Zehn Gebote. Dtn 5,6–21 (EinFach Religion. Interpretationen – Unterrichtsmodell, Paderborn

AB 1 Udo Lindenberg: Du sollst nicht stehlen

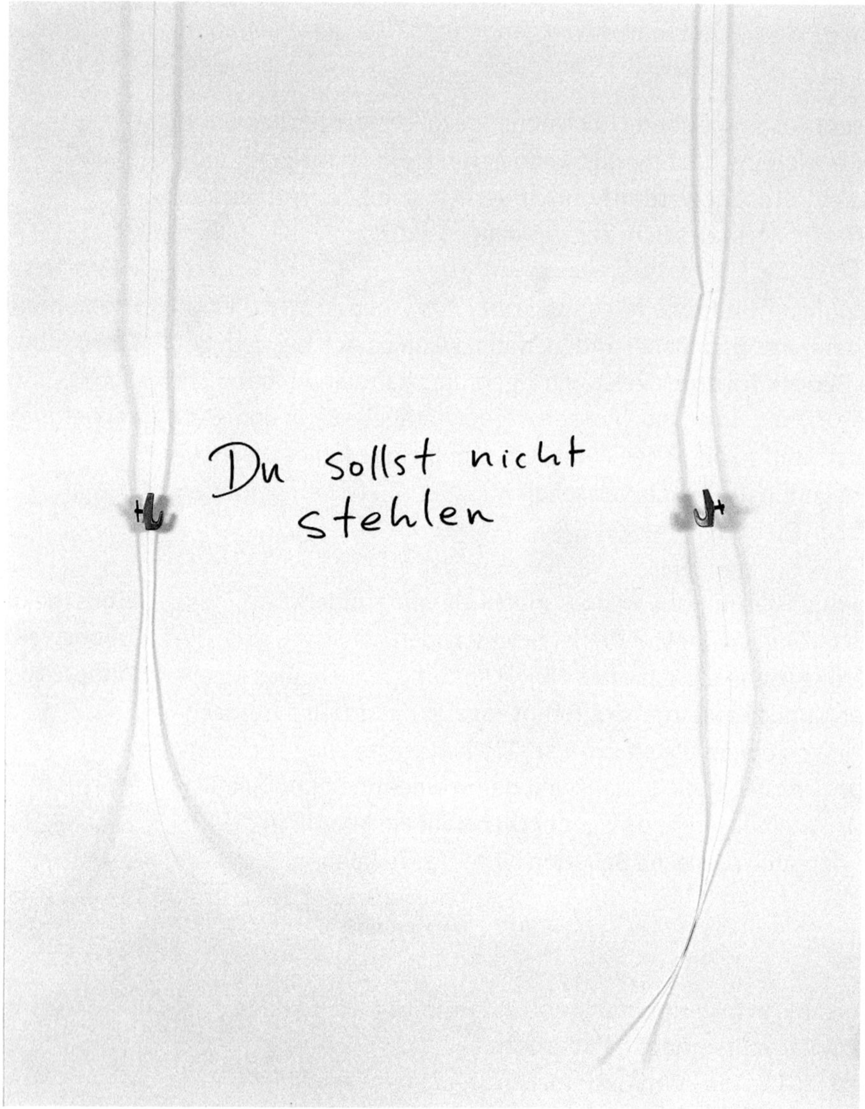

© Udo Lindenberg

1. Betrachtet und beschreibt das Originalbild. Welche Deutung ergibt sich durch den Schriftzug?
2. Im Islam wird bei der Auslegung des siebten Gebots nicht allein der Diebstahl von materiell Wertvollem verboten, sondern auch von geistigem Eigentum, das ideell sehr kostbar sein kann. Angenommen, es handele sich bei dem gestohlenen Gegenstand um ein Bild: Setzt euch in Kleingruppen mit der Frage auseinander, warum sich eine Gesellschaft vor dem Diebstahl von Bildern, Skulpturen oder Texten von Künstlern besonders schützen sollte. Was können Künstler, Maler oder Schriftsteller mit ihrer Kunst erreichen? Und wer könnten folglich die Diebe sein, die einer Gesellschaft geistiges Eigentum stehlen?
3. Bildet Kleingruppen und informiert euch über den historischen Begriff der „entarteten Kunst“. Wählt pro Gruppe einen Maler, dessen Kunst als „entartet“ galt, und stellt ihn, sein Schicksal und seinen künstlerischen Stil im Plenum vor. Recherchiert anschließend solche Fälle in der jüngeren Vergangenheit oder Gegenwart, in denen Künstler diffamiert oder deren Kunstwerke verboten worden sind.

AB 2 Diebstahl: ein Eingriff in die Privatsphäre eines Menschen

Das Judentum zielte in biblischer Zeit mit dem Gebot „Du sollst nicht stehlen“ in erster Linie auf den Viehdiebstahl, der damals besonders häufig vorkam. Das eigene Vieh war für Familien eine wichtige Lebensgrundlage. Die allgemein gehaltene Formulierung des Gebots zielt darüber hinaus allerdings auf jedes fremde *bewegliche Eigentum* und dessen *heimliche Entwendung*. Manche Ausleger beziehen das Gebot sogar auf ein besonderes Delikt: den Menschenraub, die Gefangennahme eines Menschen und dessen Verkauf in die Sklaverei. Man könnte dann vom Diebstahl fremder Freiheit oder vom Verbrechen der Freiheitsberaubung sprechen.

Löst man das Gebot aus seinem historischen Kontext und bezieht es auf die Gegenwart, wird deutlich: Jede Gesellschaft, jede Zeit, jede und jeder Einzelne kennt besonders wertvolles Eigentum, das es zu schützen gilt, weil es Teil der Privatsphäre eines Menschen ist. Wenn Eigentum entwendet wird, fehlt nicht nur irgendetwas, sondern es hat auch eine Wirkung auf den Bestohlenen. Zum Beispiel beim Diebstahl und Verlust eines handgeschriebenen Briefes oder eines besonderen Fotos, das jemand als einmaliges und unersetzbares Erinnerungsstück in seiner Geldbörse aufbewahrt hat, die ihm gestohlen worden ist. Oder auch: Zeit, Lebenszeit, Freizeit. Im Sinne des Dekalogs wäre dann zu sagen: „Du sollst deinem Nächsten keine Zeit stehlen.“

Text in Anlehnung an: Garske, Volker/Lang, Bernhard, Die Zehn Gebote. Dtn 5,6–21 (Einfach Religion. Interpretationen – Unterrichtsmodell), Paderborn: Schöningh 2015

1. Lest den abgedruckten Informationstext und gebt seinen Inhalt mit eigenen Worten wieder.
2. Stellt euch vor, der gestohlene Gegenstand in Lindenbergs Bild sei euer Lieblingsbild oder ein euch besonders wichtiges Foto. Erläutert und begründet, warum euch sein Verlust stark verletzen würde. Erzählt euch davon in kleinen Gesprächsgruppen.
3. Erörtert in Partnerarbeit Situationen, wo Menschen *Freiheit* oder *Zeit* gestohlen wird, und erläutert diese im Plenum.
4. Findet gemeinsam weitere Beispiele, wo durch Diebstahl ein gewaltsamer Eingriff in die Privatsphäre eines Menschen stattfindet. Schreibt die Stichworte auf das Bild von Lindenberg auf AB 1 und stellt euch eure Ergebnisse gegenseitig vor. Setzt euch mit der Frage auseinander, welche Folgen ein solcher Eingriff für die Betroffenen haben kann.

Modul 9:
Du sollst nicht falsch Zeugnis reden

Du sollst nicht Falsches gegen deinen Nächsten aussagen. (Dtn 5,20)

Zugang zum Text

biblisch-historischer Kontext

Das Verbot bezieht sich auf falsche Beschuldigungen vor Gericht, das gewöhnlich am Stadttor tagte und von den Ältesten durchgeführt wurde. Es zielt nicht auf alltägliche Lügen oder auf Verleumdung. Zu denken ist an öffentliche Falschaussagen, die dem Beschuldigten schwere Nachteile bringen und ihn sogar das Leben kosten können. Geschützt werden soll ein grundlegendes Gut der menschlichen Gemeinschaft: die Wahrheit. Sie ist eines der vier lebensnotwendigen Güter, die die nicht religiösen Gebote des Dekalogs sichern wollen. Neben der Wahrheit sind diese das Leben (vgl. das Verbot des Mordes und die soziale Absicherung der Alten), die Ehe als Wiege des Lebens und schließlich das Eigentum. Sie bilden die Grundlagen menschlichen Zusammenlebens und eine lokale, kulturspezifische Variante einer universalen Ethik, die der Theologe Hans Küng als *Weltethos* umschrieben hat (Garske/Lang 2015, 37). Israel selbst war offensichtlich ein Ethos der Rechtsprechung sehr wichtig. So sollte niemand grundlos verdächtigt werden (vgl. Lev 19,15f.), Zeugen und Richter sollten unbestechlich und unparteiisch sein, sich für den Schutz der sozial Schwachen einsetzen und die Prozessgegner sich gegenseitig die elementare mitmenschliche Solidarität nicht verweigern (vgl. Ex 23,1–9; Dtn 16,18–20; 24,17f.). Dass das Ethos freilich anfällig für Missbrauch war, belegt die harsche prophetische Kritik an der juristischen Praxis (Krüger 2016, 371).

universale Ethik

islamische Perspektive

Auch in den Primärquellen des Islams wird die Formulierung einer Falschaussage, die das Gegenüber täuscht und die Wahrheit vorenthält, abgelehnt und gehört zu den verwerflichen Handlungen. Der Koran macht an mehreren Stellen darauf aufmerksam, wie etwa: „Und meidet das falsche Zeugnis!" (Sure 22:30) Er verbietet sogar Aussagen, die bloß auf Vermutungen basieren, ohne sich auf Beweise stützen zu können: „Und geh nicht einer Sache nach, von der du kein Wissen hast! Gehör, Gesicht und Verstand – für all das wird (dereinst) Rechenschaft verlangt" (Sure 17:36). Die Pflicht zur Wahrheit und zu der daraus folgenden Gerechtigkeit soll auch in Situationen gelten, in denen die eigenen Interessen in Gefahr sind: „Ihr Gläubigen! Setzt Gerechtigkeit durch und macht als Zeugen Gottes eure Aussagen wahrheitsgetreu, auch wenn dies gegen euch selbst, eure Eltern oder Verwandten sein sollte! Ob es ein Reicher oder ein Armer ist, lasst unbedingt Gerechtigkeit walten! Gott ist es, Der sich am besten ihrer annimmt. Ihr sollt nicht euren Neigungen folgen, denn dann kommt man von der Gerechtigkeit ab. Wenn ihr bei eurer Aussage das Zeugnis verdreht oder euch der Aussage enthaltet, weiß Gott genau, was ihr macht" (Sure 4:135).

Koran

In der Tradition der islamischen Theologie wurden intensive Diskurse darüber geführt, wie es sich mit den Situationen verhält, für die es im Koran keine direkte Anweisung gibt, um zum Beispiel das Leben eines Menschen zu schützen. Manche Theologen vertreten die Ansicht, dass gelogen werden dürfe, weil der Wert des menschlichen Lebens höher sei als die Wahrheit. Andere widersprechen dieser Auffassung, da die Integrität der Person durch eine Lüge erschüttert werden kann. In diesem Problemkontext hat sich in der schiitischen Theologie das Prinzip der *taqiyya* etabliert, eine Form der erlaubten Schutzlüge. Sie stammt aus der Zeit, in der die schiitischen Muslime der Verfolgung ausgesetzt waren, weil sie Muhammads Schwiegersohn Ali als rechtmäßigen Nachfolger ansehen. So konnten bzw. können Schiiten ihre Identität verbergen und sich und ihre Gemeinschaft schützen.

Schutzlüge

Zugang zum Bild

Abbildung: „Du sollst nicht falsch Zeugnis reden“, 65 x 50 cm, Mischtechnik auf Papier, 2001

Bildelemente/ Figuren

Im Zentrum des Bildes stehen zwei weiße comicartige, büstenförmige Köpfe, die am Hals nahezu abgeschnitten wurden und daher im luftleeren Raum schweben. Ein kleiner weißer Streifen, der sich vom linken Kopf schlangenförmig, vom rechten Kopf gerade nach unten rechts zieht, deutet lediglich den Oberkörper an. Die so nur schemenhaft skizzierten Haltungen der Menschen lassen den Eindruck entstehen, dass beide in Bewegung sind, der rechte dem linken folgt, ihm schon recht nahegekommen ist und diesem sprichwörtlich im Nacken sitzt. Der Betrachter des Bildes sieht beide kahlköpfigen Menschen von der Seite, was ihm ermöglicht, einen dezidierten Vergleich anzustellen. Die linke, also gemäß dem angedeuteten Bewegungsablauf vordere Figur unterscheidet sich in wichtigen Aspekten von ihrem „Hintermann“: Die vordere Figur hat einen gekrümmten Mundwinkel (die hintere einen leicht geöffneten Mund); unmittelbar an ihren Augen sind Schattierungen erkennbar (die bei der hinteren Figur weniger und zudem nicht direkt am Auge erkennbar und dort anstatt in Schwarz in einem gelbgrünen Ton gehalten sind); ihr Nacken fällt weit weniger kräftig als der ihres Verfolgers aus; das Unterscheidungsmerkmal schlechthin ist jedoch ein gelbgrüner schlangenartiger Strick, der sich ihr vom Hals aus serpentinenförmig um den Kopf windet, sich dabei von der rechten Schläfe vorne über die Nase zieht, um dann unterhalb des Ohres, das sich in keiner Weise von dem des Verfolgers unterscheidet, über den kahlen Hinterkopf nach oben in die Luft zu verlaufen, wo er sich in einzelne Fäden auflöst. Vom Hals aus zieht sich dieses gelbgrüne Band direkt zum Mund der hinteren Figur, wo es abrupt endet und damit eine (gezackte) Verbindungslinie zwischen den Figuren bildet.

Farbgebung

Während also der vordere Kopf stärker vom gelbgrünen Strick im doppelten Wortsinn gezeichnet ist und regelrecht von ihm wie von einem Lasso eingefangen wird, ist der hintere, bei dem die gelbgrünen Töne wesentlich geringer ausfallen, offensichtlich Ausgangspunkt und Initiator der Drangsalierung, die vor einem Violett in diversen Schattierungen erfolgt. Zwischen den Köpfen, die von dem gelbgrünen blitzförmigen Strang verknüpft werden, mischen sich entsprechend weiße Töne in das Violett, während es zu den Bildrändern hin stärker durch Schwarz unterlaufen wird.

Wie eine zischelnde Schlange Gift in ihre Beute spritzt, um sie zu erlegen, so treffen die blitzartig, wie aus heiterem Himmel einschlagenden Worte des Menschen in diesem Bild sein Gegenüber. Unübersehbar gibt der hintere den Ton an, dreht dem anderen verbal einen Strick und legt ihm diesen um den Hals, bis sich der Strick alsbald, da der andere weiter nach vorne drängt, langsam zuzieht. Wer es gemäß dem Bildtitel mit einer solchen „falschen Schlange“ zu tun hat, dem sitzt auch sprichwörtlich die Angst im Nacken. Kein Wunder, dass die Augenränder Stress verraten und die Mundwinkel Verzweiflung, wenn wir den Atem von Menschen hinter uns spüren, die Gift für uns sind. Und die offensichtlichen Kräfte des Verfolgers, die sich an seinem Stiernacken ablesen lassen, verheißen nichts Gutes: Er ist der Stärkere, hat das wehrlose Opfer bestens im Auge und vermag nach Belieben „Gift und Galle zu speien“ (vgl. Dtn 32,33).

Bezug zum Gebot

Lindenberg trifft mit seinem Bild einen zentralen Punkt des achten Gebots „Du sollst nicht Falsches gegen deinen Nächsten aussagen“ (Dtn 5,20). Das juristische Vergehen, um das es dem Gebot ging, ist nicht trivial, mit schweren Folgen für die Betroffenen, angefangen von der Beschlagnahmung des Besitzes, über den Entzug der Freiheit bis hin zur Tötung.

Didaktisch-methodische Perspektiven

Das Bild soll in zwei Schritten erarbeitet werden, wozu eine Doppelstunde angesetzt werden kann. Zum *Einstieg* wird der Klasse noch nicht das Original vorgelegt, sondern eine grobe Skizze. Vorbereitend muss die Lehrkraft durch Abpausen des Originals eine Folie erstellen, auf der zwar die beiden Köpfe, allerdings *ohne* die (grüne) Schlange zu erkennen sind. Das kann entweder klassisch analog durch Übereinanderlegen von Bild und Folie geschehen oder mithilfe einer Bildbearbeitungssoftware oder Zeichen-App auch digital vorgenommen werden. Die Schülerinnen und Schüler nehmen eine Beschreibung der Skizze vor und geben erste Deutungshypothesen. Die beiden Köpfe bieten vor dem Hintergrund des Titels genügend Anreize, über den Kontext der Situation sinnvoll zu spekulieren.

Einstieg

ästhetische Perspektive

Eine als *Problemaufwurf* erstellte weitere Skizze, die nun um das Schlangenmotiv ergänzt worden ist, wird wiederum von den Schülerinnen und Schülern beschreibend und deutend erarbeitet. Mögliche Impulse für ein Unterrichtsgespräch können sein:

Problemaufwurf

1. Das Bild zeigt nun ein zusätzliches Motiv aus dem Original. Beschreibt es zunächst genau und ergänzt eure Deutungen durch das neu hinzugekommene Motiv.
2. Ergänzt das Bild, indem ihr das neue Motiv gedanklich mit einer bewusst gewählten Farbe verseht.

Impulse für ein Unterrichtsgespräch

Ausgehend von der letzten Fragestellung bietet es sich an, zur *Erarbeitung* entweder die zuvor verwendete Skizze oder das Bild in Schwarz-Weiß-Kopie auszuteilen und den Schülerinnen und Schülern zur selbstständigen Bearbeitung zu überlassen (Aufgabe 1). Nach der *Präsentation* der Ergebnisse im Plenum wird das Lindenberg-Original gezeigt, sodass Gemeinsamkeiten und Unterschiede realisiert werden und Lindenbergs Werk abschließend interpretiert und gewürdigt wird. Mögliche Impulsfragen: Mit welcher bzw. welchen Farbe(n) haben die Schülerinnen und Schüler die Schlange versehen? Und warum genau so? Wozu hat der Künstler gerade dieses Grün gewählt?

Erarbeitung

→ AB 1

Im vertiefenden *Transfer* setzen sich die Schülerinnen und Schüler indirekt mit dem ursprünglichen Sinn des biblischen Gebots auseinander, indem sie sich mit einem historischen Fall einer Falschaussage vor Gericht befassen (Aufgabe 1), der zudem aus ihrer schulischen Lebenswelt stammt. Die erarbeitete Interpretation des Lindenberg-Originals wird anhand des Vergewaltigungsvorwurfs einer Lehrerin aktualisiert. Dazu geben die Schülerinnen und Schüler den bislang anonym gebliebenen Figuren aus Lindenbergs Bild eine Geschichte, indem sie die Namen der beteiligten Personen auf die weißen Flächen der Köpfe schreiben und persönlich eine Stellungnahme zu dem geschilderten Fall verfassen (Aufgabe 2). Die Ergebnisse werden miteinander verglichen und leiten über zu einer abschließenden Aufgabenstellung (Aufgabe 3), die zur Recherche nach weiteren Beispielen unter dem Stichwort der öffentlichen Falschaussage (bspw. beim Cyber-Mobbing unter Jugendlichen) auffordert.

Transfer
→ AB 2

lebensweltbezogene Perspektive

Auswertung

Verwendete Literatur

Garske, Volker/Lang, Bernhard (2015), Die Zehn Gebote. Dtn 5,6–21 (EinFach Religion. Interpretationen – Unterrichtsmodell), Paderborn

Krüger, Thomas ([5]2016), Art. „Recht", in: Berlejung, Angelika/Frevel, Christian (Hg.), Handbuch theologischer Grundbegriffe zum Alten und Neuen Testament, Darmstadt, 371 f.

AB 1 Udo Lindenberg: Du sollst nicht falsch Zeugnis reden

© Udo Lindenberg

1. Nutzt die vorliegende Schwarz-Weiß-Kopie des Bildes und verwendet eine bewusst von euch gewählte Farbe zu ihrer Kolorierung, insbesondere der Figuren und des Schlangenmotivs. Begründet eure Farbwahl.
2. Vergleicht anschließend eure eigene Farbwahl mit dem Originalbild. Stellt euch eure Ergebnisse in Kleingruppen vor und erörtert die Frage, welchen Einfluss die Farbe auf die Aussage des Bildes hat.
3. Diskutiert eure Ergebnisse im Plenum und erarbeitet eine abschließende Interpretation des Originalbildes von Udo Lindenberg.

AB 2 Fatale Folgen einer Falschaussage

Der ursprüngliche Sinn des Gebots „Du sollst nicht Falsches gegen deinen Nächsten aussagen" (Dtn 5,20) zielte nicht auf alltägliche Lügen. Vielmehr machten bereits in der Antike viele Menschen bewusste öffentliche Falschaussagen vor Gericht. Oft wurden deshalb zu Unrecht beschuldigte Menschen ins Gefängnis geworfen, ihr Eigentum beschlagnahmt und häufig kostete diese Falschaussagen das Opfer das Leben. Um dies zu verhindern, sollte mit dem Gebot ein grundlegendes Gut der Gemeinschaft geschützt werden: die Wahrheit.

1. Lest den folgenden Zeitungsartikel und diskutiert darüber in Partnerarbeit.

Lehrerin muss fünfeinhalb Jahre ins Gefängnis

Lehrerin Heidi K. behauptete, vergewaltigt worden zu sein – ihr vermeintlicher Peiniger, ein Biologielehrer aus dem Kollegium, musste ins Gefängnis. Doch dann kamen Zweifel an der Geschichte der Frau auf. Wegen schwerer Freiheitsberaubung hat das Landgericht Darmstadt die 48-Jährige jetzt zu einer Haftstrafe verurteilt.

Zwölf Jahre ist es her, dass ihr vermeintlicher Peiniger ins Gefängnis geschickt wurde. [...] Im Jahr 2001 hatte Heidi K. behauptet, ihr Kollege Horst A. habe sie im Biologie-Vorbereitungsraum ihrer gemeinsamen Schule im hessischen Reichelsheim vergewaltigt. Das Landgericht Darmstadt sah keinen Grund darin, der Lehrerin nicht zu glauben. Der Beschuldigte stritt die Tat bis zum Schluss ab. Horst A. saß seine fünfjährige Haftstrafe ab. Nach seiner Entlassung kämpfte er jahrelang um seine Rehabilitation[1]: Im Jahr 2011 wurde er in einem Wiederaufnahmeverfahren freigesprochen – die Behauptungen von Heidi K. seien „von vorn bis hinten" erlogen gewesen, hieß es damals in der Urteilsverkündung. 2012 starb er an Herzversagen.
Die Staatsanwaltschaft bezichtigte Heidi K. in dem Verfahren der Vortäuschung falscher Tatsachen. Sie hätte es auf den Posten des Biologielehrers abgesehen gehabt und ihn deshalb der Vergewaltigung beschuldigt. „Wir gehen davon aus, dass die ganze Geschichte frei erfunden ist", sagte die zuständige Staatsanwältin.

www.suddeutsche.de/panorama/falsche-vergewaltigungvorwuerfe-lehrerin-muss-fuenfeinhalb-jahre-ins-gefaengnis-1.1769737 (09.05.2019), 13.09.2013

[1] **Rehabilitation:** Wiederherstellung des Ansehens einer Person in der Öffentlichkeit

2. Schreibt die Namen der Täterin und ihres Opfers auf die Köpfe in der Bildkopie und verfasst in Partnerarbeit eine kurze Stellungnahme zu dem geschilderten Fall.

3. Es gibt vielfältige Formen öffentlicher Falschaussagen oder Verleumdungen mit fatalen Auswirkungen für die Opfer. Überlegt gemeinsam: Kennt ihr aus den Medien solche Fälle eines öffentlichen (Cyber-)Mobbings in Politik, Wirtschaft, Unterhaltungsindustrie etc.? Welche Namen würdet ihr nun auf die Köpfe im Bild schreiben? Erläutert und diskutiert eure Ergebnisse in der Klasse.

Modul 10:

Du sollst nicht begehren …

Du sollst nicht nach der Frau deines Nächsten verlangen und du sollst nicht das Haus deines Nächsten begehren, nicht sein Feld, seinen Sklaven oder seine Sklavin, sein Rind oder seinen Esel, nichts, was deinem Nächsten gehört. (Dtn 5,21)

Zugang zum Text

→ Modul 8

verschiedene Lesarten des Dekalogs

Als zivile Gebote stehen die beiden letzten Gebote in enger Beziehung zum siebten Gebot. Katholiken und Lutheraner spalten im Unterschied zu Juden, Reformierten und auch Griechisch-Orthodoxen bei ihrer Dekalogrezeption das sog. „Begehrensverbot" in zwei Teilaspekte auf. Das abzulehnende Begehren der Frau des Nächsten (neuntes Gebot in dieser Zählung) wird von dem Verbot, das Haus und die Güter seines Nächsten erlangen zu wollen (zehntes Gebot in dieser Zählung) getrennt. Diese Aufteilung, der Udo Lindenberg bemerkenswerterweise bei seiner Rezeption des Schrifttextes nicht folgt, ist aus Sicht der historisch-kritischen Exegese jedoch als problematisch einzustufen, wurden doch ursprünglich beide Gebote bzw. Verbote als Einheit verstanden. Der historische Kontext, der hierbei vorausgesetzt wird und der bspw. auch aus anderen Kulturen der Antike bekannt ist (vgl. z. B. Homers Odyssee), ist insbesondere im antiken Kriegswesen zu finden (Lang 2011). Bei längeren, kriegsbedingten Abwesenheiten eines Bauern bspw. blieben seine Frau, sein Feld und sein gesamter sonstiger Besitz allein zurück und standen für eine gewisse Zeitspanne nicht unter der direkten Kontrolle des eigentlichen Eigentümers. Um den Besitz des Bauern, wozu nach antikem Rechtsverständnis auch seine Ehefrau und seine Sklaven gehörten, vor möglichen Fremdübernahmen durch andere zu schützen, wurden Frau, Haus und Güter unter den Schutz des göttlichen Gebotes gestellt. Die hierdurch anvisierte, private Sicherung der „herrenlosen" Gegenstände diente ihrerseits zugleich der Bewahrung der sozialen Ordnung der antiken Gesellschaften, in denen Haus, Ehe und Familie zu den tragenden Säulen des gesellschaftlichen Miteinanders gehörten.

→ Einführung

historisch-kritische Perspektive

islamische Perspektive

Zu den Grundanliegen einer auf dem Koran basierenden islamischen Ethik gehört neben der Kontrolle des eigenen Verhaltens auch die Eigenschaft, sich seinen eigenen Wünschen und Gedanken ehrlich und selbstkritisch zu stellen. Der Koran thematisiert in den Erzählungen von Josef und seinen Brüdern sowie den beiden Söhnen Adams, welche Folgen Neid haben kann – was im zweiten Fall sogar mit einem Mord endet. Einem Hadith (Spruch des Propheten) zufolge frisst Neid im Sinne von Missgunst „die guten Taten auf, so wie das Feuer den Brennstoff auffrisst" (Abu Dawud). Daher wird Neid als das destruktive Gefühl verstanden, dass einem etwas fehlt, was der andere besitzt, was sogar zu einer Gefahr für den Beneideten werden kann. Um diesen Schaden von sich abzuwenden, soll der Beneidete Schutz und Segen bei Gott suchen. In einer der beiden Schutzsuren (112 und 113) wird der Neid explizit erwähnt und als destruktiv bewertet: „Ich ersuche um Beistand des Herrn des anbrechenden Morgenlichts […] vor dem Übel des Neiders, wenn er neidet" (Sure 113:1–5). Daher sprechen Muslime die letzten beiden Suren des Korans mehrere Male am Tag, um Zuflucht bei Gott vor dem Übel zu nehmen.

Koran

In einem anderen Hadith (Muslim) wird dem Neid allerdings auch eine konstruktive Seite beigemessen, wenn er als Ansporn oder Herausforderung verstanden wird. So darf sowohl eine Person beneidet werden, die ihr Vermögen für wohltätige Zwecke ausgibt, als auch eine gebildete Person, die auf der Basis von Weisheit urteilt und lehrt. Ausgehend von diesem Hadith könnte man sagen, dass Neid auch durchaus positiv besetzt sein kann, wenn der materielle oder immaterielle Besitz andere ermutigt, Anstrengungen in die gleiche Richtung zu unternehmen. Auch der Koran befürwortet diesen positiven Wettbewerb: „Jeder hat eine Richtung, der er sich zuwendet. So wetteifert miteinander in guten Werken“ (Sure 2:148).

Zugang zum Bild

Abbildung: Du sollst nicht begehren, was dein Nächster hat“, 200 x 140 cm, Mischtechnik auf Leinwand, 2001

Das von Udo Lindenberg in vielerlei Hinsicht dem Stil des Expressionismus ähnelnde Bild greift die von der Exegese postulierte Verbindung zwischen dem neunten und zehnten Gebot auf. Das Eigentum des Nächsten wird auch hier in seiner historisch ursprünglichen, untrennbaren Gesamteinheit gesehen.

Schritte der Bilderschließung

Bei einer Anwendung der fünf Schritte der Bilderschließung nach Günter Lange (1998, 155 f.) ist zunächst zu beschreiben, was *erstens* alles auf dem Bild zu sehen ist und *zweitens* welchem Aufbau das Bild dabei folgt. *Drittens* ist nach der Wirkung des Bildes auf den Betrachter zu fragen, bevor *viertens* eine kunstwissenschaftliche und theologische Deutung des Bildes folgen. *Fünftens* ist nach der Identifizierung des Adressaten mit dem Gemälde zu fragen, wobei in der hier erfolgenden Sachanalyse nur kurz darauf eingegangen werden soll. Da bei dieser Perspektive auch immer schon konkrete methodische Zugänge zum Medium in den Blick kommen, sollen diese Fragen überwiegend im methodisch-didaktischen Kurzkommentar zum zentralen Medium thematisiert werden.

Bildhintergrund

Bildelemente

Im Hintergrund des Bildes erkennt man zunächst einen lichtdurchfluteten Horizont, der in warmen Gelbtönen gemalt ist und dessen Helligkeit auf den vorderen Teil des Bildes ausstrahlt. Dieser Horizont nimmt in etwa ein Drittel der Gesamtfläche des Bildes ein. Das einzige Bildelement, das den nach unten halbkreisartig abschließenden Horizont etwas deutlicher durchbricht, ist das in Weiß und Orange gehaltene Haus, das aufgrund der ebenfalls warmen Farben mit dem Bildhintergrund korrespondiert. Das Haus selbst besitzt ein Giebeldach und eine wenig detailreich gemalte Tür sowie zwei Fenster im ersten Obergeschoss. Perspektivisch in die Tiefe versetzt, also unterhalb des wie auf einem Berg liegenden Hauses und des ihn umgebenden Horizonts finden sich Tiere und Personen wieder. Relativ weit links im Bild ist eine Frau mittleren Alters mit kurzen, dunklen und leicht gelockten Haaren zu sehen. Sie trägt gelbe Gummistiefel, ein weißes Nachthemd und eine blaue Schürze. Ihr Blick ist getrübt, in der rechten Hand hält sie eine wohl für den Überfluss stehende Mistgabel fest. Bezüglich ihrer Körperproportionen ist festzuhalten, dass insbesondere Nase und Bauch größer dargestellt sind, was unter anderem dem insgesamt oft cartoonartigen Zeichenstil des Künstlers geschuldet sein dürfte. Interessant erscheint die Tatsache, dass es sich bei der Frau um die einzige Figur handelt, die vom Betrachter aus nach rechts guckt. Auf einer Höhe mit ihr sind zwei Tiere, ein in Weißgrau gehaltener Esel und ein mischwesenartiger Ochse, zu sehen. Beide stehen genauso wie die Frau auf dem in Wiesengrün gehaltenen Boden sowie sehr dicht aneinander. Während der Esel auf seinem Hinterteil ein nicht erwartetes kleines, rosafarbenes Herz trägt, sind die Überraschungen bei dem Mischwesen ungleich größer. Das liegt daran, dass der Kopf des Wesens zunächst der eines Ochsen mit Hörnern ist, dann aber ein kuhartiger Rumpf mit schwarz-weißem Fell und vier Eutern anschließt. Das dritte Element, das in dieses Wesen integriert ist, besteht aus den vier eher frauenähnlichen Beinen mit rosa bzw. roten Stöckelschuhen, wobei die Hinterbeine des Wesens mit rosa Strapse bekleidet sind und der in Hautfarbe gemalte Hintern selbst nackt ist. Leicht oberhalb des Hinterns ist wieder ein kuhartiger Schwanz zu sehen, der jedoch nur ganz dünn gezeichnet ist.

Figuren und ihre Beziehungen

Während der Horizont auf der höchsten Ebene des Bildes zu sehen ist und auf die Gegenwart des Göttlichen hinzuweisen scheint, danach das Haus auf einer zweiten Ebene folgt, bevor auf einer dritten, wiederum etwas tiefer liegenden Ebene Frau und Tiere zu erkennen sind, finden sich auf einer vierten und letzten Ebene des von hinten nach vorne immer stärker fokussierten Gemäldes ein nach links schauender, in bräunlicher Kleidung gemalter und mit noch brauneren Schuhen ausgestatteter Bauer sowie ein überwiegend grün gemaltes Wesen, das ebenfalls nach links schaut. Beide, der Bauer und das Wesen haben eine große Nase und große Hände. Allerdings lassen sich bezüglich der Mimik, aber auch bei anderen Körpermerkmalen gravierende Unterschiede ausmachen. Der Blick des Bauern ist ebenso wie der in seiner Nähe stehenden Frau trübe, der des Wesens hingegen lüstern. Aus seinem Mund tropft zudem Speichel. Darüber hinaus fallen das kleine spitze Horn des grünen Wesens und sein fehlender Körperunterbau auf. Kopf und Rumpf zeigen anthropomorphe Strukturen auf, der Unterleib ähnelt hingegen eher der Form einer Schlange. Ähnlich hingegen scheint wiederum die angedeutete Bewegung dieser beiden Figuren zu sein. Während Frau, Esel und das Mischwesen stehen, scheint der Bauer zu gehen und das grüne Wesen zu kriechen bzw. zu schleichen. Abgerundet werden die ersten Seheindrücke durch die Wahrnehmungen zum unteren Teil des grün gehaltenen Bodens. Im mittleren Vorderteil des Bildes sind wellenartig verlaufende Furchen zu erkennen, die darauf hindeuten, dass an dieser Stelle ein Ackerboden angedeutet ist, der wohl vom Bauern und seiner Frau bewirtschaftet wird. Er stellt zugleich eine Art Grenze zwischen Hof, Menschen und Tieren auf der einen und dem bedrohlichen Wesen auf der anderen Seite dar. Insgesamt dominieren in dem in Halbtotale sowie mit Acrylfarben gemalten Bild die überwiegend warmen Farben. Die größte Störung dieser Farbkomposition ergibt sich durch den Einsatz von Giftgrün bei der Figur ganz rechts, die in dieser Farbgebung auch mit dem in eher Wiesengrün gehaltenen Boden in Spannung steht. Nicht nur dadurch wird das Interesse des Beobachters für diese Figur geweckt.

Wirkungen auf den Betrachter

Auf den Betrachter wirkt das Bild im ersten Moment sicherlich partiell verstörend, weil die zunächst idyllische Szenerie samt seiner warmen Farben einerseits im Kontrast zu den trüben Gesichtsausdrücken der Bewohner der Landschaft steht, anderseits aber auch die offenbar unpassenden Bildelemente, wie z. B. das ochsenartige Mischwesen mit Strapse oder auch das giftgrüne Wesen, die vermeintliche Harmonie des Bildes unmittelbar durchbrechen. Diese Perturbation ist aber zugleich ein Impuls für eine aktive, von Interesse für das Bild und seine intendierte Wirkung geleitete Auseinandersetzung mit dem Medium. Fragen, die sich dem Betrachter bspw. stellen könnten, sind mit Sicherheit: Wieso schauen Mann und Frau traurig, obwohl sie in einer idyllischen Landschaft leben? Warum hat der Esel ein Herz auf dem Hinterteil? Weshalb trägt der Ochse Strapse und sieht teilweise aus wie eine Frau und eine Kuh? Wer ist dieses grüne Wesen und was hat es vor? Verfolgt es den Bauern, bedroht es die anderen? Mit welcher Figur bzw. mit welchem Detail des Bildes kann ich mich identifizieren?

Bezüge zum biblischen Gebot

Eine wechselseitige Erschließung von Gebot und Bild wird sicherlich zu betonen haben, dass das Bild keineswegs als reine Illustration der Weisungen aus Dtn 5,21 verstanden werden möchte. Vielmehr gilt es als ein klassisches Beispiel dafür, wie „gegenwartsbezogene Sichtweisen auf den Glauben" (Burrichter/Gärtner 2014, 13) Anlass für religiöse Lehr- und Lernprozesse sein können. Interessant erscheint vor allem, dass Lindenberg der menschlichen Motivation für eine widerrechtliche Aneignung fremder Güter ein Gesicht geben möchte, der Habgier bzw. dem Neid. Im Unterschied zu früheren Bildern der Kunst, in denen z. B. der Neid als Person vor allem in gelber Farbe (Gift, Galle) gezeichnet ist oder als Schlange begegnet (Menkens 2011), verleiht der Künstler diesem menschlichen Grundgefühl ein modernes Antlitz. Zwar weisen die schlangenähnliche Gestaltung, die Verwendung eines auf den Teufel hinweisenden Hornes sowie die deutlich anders gezeichneten Augen auf aus der Dämonologie bekannte und kulturgeschichtliche prägende Muster hin, eine vollkommene Entmenschlichung der Habgier und des Neids ist damit aber nicht anvisiert. Gesicht, Hände, aber auch Rumpf zeigen deutlich an, dass dieses Wesen menschlicher Natur ist, eben diese Natur aber genauso wie das menschliche Miteinander insgesamt bedroht: Wie ein Eindringling von außen – das Wesen ist als einzige Figur nicht komplett konturiert gezeichnet, sein Unterbau sprengt sozusagen die Grenzen des rechten Bildrandes – dringt der eigentlich das Paradies suchende, letztlich aber habgierige Neid in die Idylle des von Harmonie und sozialer Ordnung geprägten Lebens ein. Die jederzeit ganz plötzlich auftretende Möglichkeit, dem anderen mit Missgunst, Begierden und Kompensationswünschen zu begegnen, wird durch Lindenberg nicht entmenschlicht. Im Gegenteil, Habgier und Neid, aber auch das mit ihm häufig verbundene Gefühl der Eifersucht als „Schamteile der menschlichen Seele“ (Friedrich Nietzsche) werden hier als ernst zu nehmende, vom Menschen verursachte Problematik seiner oft gestörten psychischen Konstitution in den Blick genommen.

Neidmotiv

Im Unterschied zur Textebene des biblischen Gebotes selbst, das in gesprochener Form als eine Art Gegenstimme zur inneren Stimme des Neids im Bild gehört und verstanden werden kann und bei dem der Fokus auf den herrenlosen Gütern als Objekt der Begierde liegt, rückt das Gemälde die der Durchbrechung des Gebotes zugrunde liegende psychische Dynamik in den Mittelpunkt des Interesses.

Das bedeutet nicht, dass Lindenberg die zu schützenden Elemente, wie Eigentum oder Beziehungen des Menschen, unberücksichtigt lässt. Diese werden hier jedoch stärker in ihrer konkreten Bedrohtheit wahrgenommen, was auch durch die Verlockungen fremder Güter bildlich interessant umgesetzt wird. Das ochsenartige Mischwesen ist nicht einfach nur ein Nutztier, es wird vielmehr sexuell attraktiv dargestellt. Etwas anderes besitzen zu wollen, was einem selbst nicht gehört, dient der eigenen Befriedigung. Etwas besitzen und damit zugleich zerstören zu wollen, kann aus einem Gefühl der Bedürfnisbefriedigung heraus erwachsen, sodass auch das Sabbern des giftgrünen Wesens, das im Grunde genommen den Menschen, den es von innen ergreift, ebenso zerstört, stimmig dargestellt ist. Der Neid sitzt nicht nur dem Menschen, der neidisch und habgierig ist, selbst im Nacken, er sitzt auch hier dem Bauern im Nacken und bedroht das für eine funktionierende Gesamtgesellschaft wichtige Recht auf Eigentum und Selbstverwirklichung. Durch diesen psychologisch nachvollziehbaren Perspektivwechsel trägt das Bild zur Erschließung des Gebotes wesentlich bei. Das häufig aus fehlender Selbstliebe und Kompensationswünschen resultierende Gefühl des Neids, das auch den widerrechtlichen Aneignungsversuchen fremder Güter im alten Israel zugrunde gelegt haben dürfte, wird hier als Zugang zum Verständnis der Sinnhaftigkeit des Gebotes auf der einen und zum Nachvollzug der Genese des Schrifttextes auf der anderen Seite erkennbar und somit eine Übertragbarkeit des Kerns der Sache auf heutige Welt- und Lebenszusammenhänge möglich gemacht. Im Unterschied zu einem rein wertübertragenden Lernen, bei dem das Gebot als schlicht und einfach zu befolgende ethische Bezugsnorm zu verstehen wäre, kann das Bild dazu anregen, die dem Gebot inhärenten Wert- und Normvorstellungen zu erhellen, darüber zu kommunizieren und nach Möglichkeiten einer authentischen Gestaltung im eigenen Lebensvollzug zu suchen (Mendl 2018, 122 ff.). In korrelationsdidaktischer Hinsicht treten heutige Erfahrungen von Menschen also sinnvoll in Beziehung zu den der Schriftwerdung vorausgehenden Erfahrungen der Israeliten. Dabei ist nicht zu vergessen, dass ähnlich wie auch von Lindenberg fokussiert die große Bandbreite der Möglichkeiten neidvollen Verhaltens in der Gesellschaft (materielle Besitzansprüche, versuchter Ehebruch, vielleicht aber auch kapitalistisch motivierte Aneignungs- bzw. Zerstörungsversuche anderer Menschen, Firmen oder gar Nationen) auch im alten Israel in ähnlichen Formen bekannt war und das Gebot nicht so verstanden werden darf, als träten nur in den Zeiten von Abwesenheiten eines Eigentümers zerstörerische Begierden durch einen Zweiten auf.

Perspektivwechsel

lebensweltbezogene Perspektive

Didaktisch-methodische Perspektiven

Die für dieses Modul ausgewählten Medien werden nachfolgend als ineinandergreifende Elemente einer möglichen Unterrichtssequenz dargestellt. Das bedeutet freilich nicht, dass sie nur in dieser gedachten Vernetzung eingesetzt werden können. Ein Wechsel der Reihenfolge ist genauso wie eine Kombination mit eigenen Zugriffen denkbar.

lebensweltbezogene Perspektive

Einstieg/Hinführung

→ AB 1

Bevor mit der eigentlichen Erschließung von Gebot und Bild begonnen werden kann, empfiehlt sich eine subjektorientierte und lebensweltbezogene *Annäherung* an das der Durchbrechung des Gebots zugrundeliegende und von Lindenberg fokussierte Motiv des Neids und der Habgier. Hierfür wird das zugleich diagnostischen Interessen zuarbeitende Lied „Warum werde ich nicht satt?" von den Toten Hosen gewählt, das auf dem im Jahr 1999 veröffentlichten Album „Unsterblich" zu finden ist. Das Medium dient als *Hinführung* zu den sowohl im Gebot als auch im Bild verarbeiteten Erfahrungen mit den habgierigen und neidvollen Abgründen der menschlichen Existenz. Das Lied thematisiert in der Ich-Form sowie auf ironische Art und Weise die vermeintliche Selbstzufriedenheit des in Luxus und Überfluss lebenden lyrischen Ich. Reichtum, Beliebtheit und Besitz (Swimmingpool, zwei Autos, Erfolg bei Frauen) werden als Ausgangspunkt für eine tiefe Dankbarkeit für das eigene Leben genommen. Doch dieser Schein trügt. Dem lyrischen Ich ist keiner der Erfolge und Besitztümer gut genug, der Hunger auf mehr bleibt, Habgier und Neid treiben es wie eine Sucht an: „Warum werde ich nicht satt?" (Z. 11) Hier setzt die Aufgabenstellung zum Lied an. Nachdem bei Aufgabe 1 unter ästhetischen Gesichtspunkten nach der Gestalt des Liedes, seiner Intention und seiner Wirkung gefragt wurde, erfolgt mithilfe eines produktionsorientierten Zugangs unter Aufgabe 2 eine vernetzende Fokussierung auf die von Lindenberg besonders stark thematisierte Figur des Neids bzw. der Habgier. Daran anschließend soll ein subjektorientierter Antwortversuch auf die Fragen des lyrischen Ich an die Schülerinnen und Schüler weitergegeben werden. Wichtig ist hierbei ihr eigenes Nachdenken über die Rolle von Geld, Macht, Reichtum und Besitz in einer vom Kapitalismus geprägten Gesellschaft. Die Schülerinnen und Schüler sollen sensibel für ihre eigenen Voreinstellungen zum Thema werden und erste Ideen entwickeln, aus welcher Motivation heraus Menschen, die von Neid und Habgier geleitet werden, handeln. Freilich werden sich hier auch Bezüge zum siebten Gebot ausmachen lassen.

gesellschaftskritische Perspektive

Die Bearbeitung des Mediums sollte die auch von Lindenberg immer wieder kritisierte Konzentration des Menschen auf seine eigenen Interessen und Bedürfnisse samt seiner das Individuum sowie die Gesellschaft schädigenden Konsequenzen herausstellen. Zudem sollen die Schülerinnen und Schüler für das Gefühl des Neids, das ein zutiefst menschliches Gefühl ist, und seine Herausforderungen an ihr Denken und Handeln sensibilisiert werden. Dabei kann durchaus auch die positive Seite des Neids schon in den Blick kommen, die später noch einmal eigens thematisiert werden soll. Der gesellschaftskritische und zugleich subjektorientierte Zugang sollte für eine erste Sensibilisierung der Schülerinnen und Schüler sorgen und von hier aus einen leichteren Zugang zum Medium von Udo Lindenberg und dem biblischen Gebot ermöglichen. Insbesondere die von Lindenberg fokussiert vorgetragene Auseinandersetzung mit Habgier und Neid kann aufgrund der eigenen Beschäftigung mit Erfahrungen von Neid, Habgier, Machthunger etc. schnell und zielführend von den Schülerinnen und Schülern erkannt und zum Gegenstand eigener Überlegungen gemacht werden.

→ AB 3b

→ AB 2

ästhetische Perspektive

Erarbeitung I

Aufgabe 1 folgt dem vor allem unter ästhetischen Gesichtspunkten wichtigen Prinzip, Medien zunächst in ihrem Eigenwert zu erschließen. Daher liegt der Fokus auf einer *intensiven Bildbetrachtung*, bei der ganz nach Günter Lange die Bildelemente, der Aufbau, die Farbgebung und die Wirkung auf den Betrachter in den Mittelpunkt gerückt werden. Die bereits dargelegten sachanalytischen Erwägungen zum Bild (s. o.) können dabei helfen, mögliche

Schülerbeiträge zu antizipieren und ggf. bei der Besprechung der Ergebnisse weiterführende Impulse zu setzen.

Aufgabe 2 zielt darauf ab, die von der Liedinterpretation her bereits bekannten Überlegungen zu den neidvollen und habgierigen Abgründen der menschlichen Existenz in die eigentliche Deutung des Bildes miteinfließen zu lassen. Im Sinne einer interaktionalen, produktionsorientierten *Transferaufgabe* zu Lindenbergs Bild kann die giftgrün gemalte Figur zum Sprechen gebracht werden. Mimik und Gestik des die idyllische Harmonie bedrohenden Wesens laden dazu ein. Der innere Monolog sollte dabei aber nicht nur die Erkenntnisse zum Lied und ggf. Textpassagen daraus aufnehmen (z. B. „Warum werde ich nicht satt?" oder auch „Und wenn ich etwas wirklich wollte, hab ich's auch gekriegt"). Vielmehr sollte auch darauf geachtet werden, dass die Produkte die Beziehung des Wesens zu den anderen Bildelementen aufgreifen, um den von Lindenberg fokussierten Gefährdungscharakter der Szenerie deutlich genug zu erfassen.

Mit Aufgabe 3 erfolgt dann die korrelationsdidaktisch bedeutsame Frage nach der Beziehung zwischen Bild und Schrifttext. Die Schülerinnen und Schüler sollen ausgehend von ihren bisherigen Erkenntnissen die Passung zwischen beiden Medien beurteilen und dabei herausstellen, dass Lindenbergs Lesart des Gebotes eine das Gebot und seine Intention sehr treffende Variante der Dekalogexegese darstellt. Freilich kann diese erste Beurteilung noch nicht wirklich wissenschaftsorientiert erfolgen, da die exegetischen Hintergründe zum Gebot erst später erschlossen werden. Das ist aus didaktischer Sicht aber keinesfalls ein Hindernis für diese Übung. Zum einen liefern die *Lied- und die Bilderschließung* einen Interpretationsrahmen für das Gebot, auf den die Schülerinnen und Schüler zurückgreifen können, und zum anderen werden sie in ihrer eigenen Fähigkeit, biblische Texte von ihrem subjektiven Standpunkt aus lesen, verstehen und adaptieren zu können, ernst genommen (Kropač 2013, 429 ff.).

Aufgabe 4 liefert abschließend eine Möglichkeit, in den Dialog mit Judentum und Islam zu treten und dabei ggf. auch unter einem vernetzenden Rückgriff auf andere Unterrichtsvorhaben der Sekundarstufe I (z. B. Klasse 5/6) Gestaltungspotenziale der Weltreligionen für die gegenwärtige Lebenswelt der Schülerinnen und Schüler aufzuzeigen (Leimgruber 2013, 468).

biblisch-theologische Perspektive

Erarbeitung II

→ AB 3a
→ AB 3b

Auswertung

Der letzte Baustein des Moduls lenkt den Blick der Schülerinnen und Schüler wieder stärker auf sachorientierte Zugänge zum Gebot, wobei exemplarisch die wichtigsten Erkenntnisse der historisch-kritischen und der tiefenpsychologischen Exegese Gegenstand ihrer Überlegungen sein sollen. Nach den zuvor sehr subjekt-, produktions- und interaktionsorientierten Zugängen zu Gebot und Bild sollen die exegetischen Positionen den theologischen Blick für die Medien schärfen und bisherige Deutungsversuche ergänzen. Der selbst verfasste Sachtext, der unter der Berücksichtigung der Schülervoraussetzungen in der Mittelstufe geschrieben wurde, nimmt im Sinne einer Vertiefung der bisherigen Erkenntnisse exegetische Hintergrundinformationen in den multiperspektivischen Erschließungsprozess von Bild und Gebot mit auf. Die zunächst weitgehend schülergeleiteten Überlegungen (intuitive *Problemlösung*) werden nun mithilfe von Sachinformationen abgeglichen und ggf. modifiziert: kontrollierte *Problemlösung/Festigung, Transfer* und kreative *Stellungnahme* (Sistermann/Wittschier 2015). Aufgrund der unterschiedlichen Textlänge und Komplexität beider Texte wäre es in methodischer Hinsicht möglich, binnendifferenziert mit diesen zu arbeiten, bspw. in Form einer unter diagnostischen Kriterien zusammengestellten Gruppenarbeit (Binnendifferenzierung über die Sozialform). Auch ein Lerntempoduett wäre als Weg denkbar. In Bezug auf die Lernprogression sollte die Arbeit mit beiden Medien die Alterität der damaligen Entstehungsumstände des Gebotes herausstellen, zugleich aber in Verbindung mit den tiefenpsychologischen Erkenntnissen auch die Möglichkeit unterstrichen werden, dass dem Gebot – so wie auch im Bild spürbar – anthropologische Grundkonstanten zugrunde liegen, die es zu einem universell und zeitlos gültigen Gebot machen, das „unbedingt gelten muss" (Kittel 2012, 97).

Die eigene, subjektorientierte Positionierung zum Bild in Aufgabe 3 soll den korrelativen Erschließungsprozess im Sinne einer *abschließenden Gesamtreflexion* kriteriengeleitet abrunden. **Reflexion**

Verwendete Literatur

Burrichter, Rita/Gärtner, Claudia (2014), Mit Bildern lernen. Eine Bilddidaktik für den Religionsunterricht, München

Kittel, Gisela (2012), Exodus. Die Zehn Gebote, in: Lachmann, Rainer/Adam, Georg/Reents, Christine (Hg.), Elementare Bibeltexte. Exegetisch – didaktisch – systematisch (Theologie für Lehrerinnen und Lehrer 2), Göttingen, 97 – 99

Kropač, Ulrich (^{3}2013), Biblisches Lernen, in: Hilger, Georg/Leimgruber, Stephan/Ziebertz, Hans-Georg, Religionsdidaktik. Ein Leitfaden für Studium, Ausbildung und Beruf, München, 416 – 433

Lang, Bernhard (2011)„Du sollst nicht nach der Frau eines anderen verlangen". Das 9. und 10. Gebot im Licht altorientalischer Rechtsgeschichte, in: ders., Buch der Kriege – Buch des Himmels. Kleine Schriften zu Exegese und Theologie, Leuven, 109 – 117

Lange, Günter (1998), Aus Bildern klug werden, in: Müller, Wolfgang Erich/Heumann, Jürgen (Hg.), Kunst-Positionen, Stuttgart u. a., 149 – 156

Leimgruber, Stephan (^{3}2013), Interkulturelles und interreligiöses Lernen, in: Hilger, Georg/Leimgruber, Stephan/Ziebertz, Hans-Georg, Religionsdidaktik. Ein Leitfaden für Studium, Ausbildung und Beruf, München, 462 – 471

Mendl, Hans (^{6}2018) Religionsdidaktik kompakt. Für Studium, Prüfung und Beruf. Überarbeitete Neuauflage, München

Menkens, Sabine (2011), Neid – ein Gefühl wie ein böses Geschwür, www.welt.de/debatte/kommentare/article13759153/Neid-ein-Gefuehl-wie-ein-boeses-Geschwuer.html (25.04.2019)

Sistermann, Rolf/Wittschier, Michael (2015), Problemorientierter Philosophieunterricht nach dem Bonbonmodell, in: Zeitschrift für Didaktik der Philosophie und Ethik, Heft 1, 16 – 27

AB 1 Die Toten Hosen: Warum werde ich nicht satt?

Was für 'ne blöde Frage, ob das wirklich nötig ist.
Ich habe halt zwei Autos, weil mir eins zu wenig ist.
Sie passen beide in meine Garage, für mich ist das Grund genug.
Was soll ich sonst in diese Garage neben meiner Riesen-Villa tun?
Die Geräte für den Swimmingpool liegen schon im Gartenhaus,
und die Spielzeugeisenbahn ist im Keller aufgebaut.
Jeden Sonntag zähle ich mein Geld, und es tut mir wirklich gut,
zu wissen wie viel ich wert bin, und ich bin grad hoch im Kurs.
Ich hatte mehr Glück als die meisten, habe immer fett gelebt.
Und wenn ich wirklich etwas wollte, hab' ich's auch gekriegt!
Warum werde ich nicht satt?
Ich bin dankbar für mein Leben, hab' vieles mitgenommen.
Aus allen Abenteuern immer heil herausgekommen.
Jede Menge Parties und Drogen sowieso.
Und auch mit den Frauen war meistens etwas los.
Ich habe wirklich tolle Freunde, man kümmert sich sehr nett.
Und auf dem Friedhof ist der beste Platz reserviert für mich.
Warum werde ich nicht satt?
Warum werden wir nicht satt?

1. Formuliert im Plenum erste Höreindrücke zu dem Song der Toten Hosen und arbeitet gemeinsam mit eurem Partner/eurer Partnerin die Bedeutung des Textes heraus.
2. Setzt euch gemeinsam mit eurem Partner/eurer Partnerin mit den Fragen des lyrischen Ich in den Zeilen 11/18/19 („Warum werde ich nicht satt? Warum werden wir nicht satt?") auseinander und formuliert aus eurer Sicht schlüssige Antworten auf diese Frage(n).
3. Nehmt vor dem Hintergrund des Liedtextes Stellung zu der Frage, ob ihr selber gerne reich und mächtig sein wollt. Bezieht in eure Überlegungen auch bisherige direkte oder indirekte Erfahrungen mit Menschen ein, die reich und mächtig sind.

AB 2 Udo Lindenberg: Du sollst nicht begehren, was dein Nächster hat

© Udo Lindenberg

1. Beschreibt zunächst in Einzelarbeit, was ihr auf dem Bild seht, wie es aufgebaut ist und welche Farben der Künstler verwendet hat. Tauscht euch anschließend in Partnerarbeit über eure gesammelten Erkenntnisse sowie die Wirkung des Bildes auf euch aus. Erarbeitet gemeinsam auf dieser Grundlage eine Deutung des Bildes und bezieht euch dabei auf eure ersten Seheindrücke.
2. Gestaltet aus der Perspektive der grünen Person am rechten Bildrand einen inneren Monolog. Überlegt dabei: Wen könnte diese Person darstellen? In welcher Beziehung steht sie zu den anderen Figuren bzw. Bildelementen? Ihr könnt für euren inneren Monolog auch Zitate aus dem Song der Toten Hosen auf AB 1 verwenden.
3. Das Bild trägt in komprimierter Form als Titel den Wortlaut des neunten und zehnten Gebots der Bibel. Dort heißt es: *„Du sollst nicht nach der Frau deines Nächsten verlangen und du sollst nicht das Haus deines Nächsten begehren, nicht sein Feld, seinen Sklaven oder seine Sklavin, sein Rind oder seinen Esel, nichts, was deinem Nächsten gehört.“* (Dtn 5,21) Entwickelt zunächst in Kleingruppen Perspektiven zu der Fragestellung, ob das Bild als ein geeigneter Weg zur Vermittlung der beiden Gebote in der heutigen Zeit angesehen werden kann. Vergleicht eure Ergebnisse im Plenum.
4. Die Gebote besitzen sowohl für das Judentum als auch für das Christentum Geltung. Doch auch im Islam spielt die Wahrung des Eigentums eine große Rolle, da auch hier im gerechten Umgang mit den materiellen und geistigen Gütern des Nächsten ein wichtiger Beitrag zur Erhaltung des gesellschaftlichen Friedens gesehen wird. Zugleich betont der Islam genauso wie seine Geschwisterreligionen die positive Funktion des Neids, die darin liegen kann, sich selbst zu besseren Leistungen anzuspornen. Gestaltet in Kleingruppen für euer eigenes Leben Regeln, die euch vor den Gefahren des Neids schützen und dieses Gefühl in positive Handlungen umwandeln können.

AB 3a Historisch-kritische Erkenntnisse zum neunten und zehnten Gebot

Die sog. historisch-kritische Bibelforschung (= Exegese) untersucht die biblischen Texte hinsichtlich der Frage, welche Bedeutung diese in der Zeit besaßen, in der sie ursprünglich verfasst wurden. Diese bis heute wissenschaftlich einflussreichste Methode zur Erschließung der biblischen Botschaft wurde auch auf die Zehn Gebote angewandt, um deren Sinn zum Zeitpunkt der Abfassung zu erhellen.
Die Untersuchung des sog. „Begehrensverbots" hat hierbei gezeigt, dass das Gebot, das ursprünglich aus der Zeit um 500 v.d.Z. stammt, eigentlich nicht in zwei Gebote aufgeteilt werden sollte. Die katholische und evangelisch-lutherische Aufgliederung in ein neuntes und ein zehntes Gebot übersieht, dass das verurteilte Streben nach fremden Gütern zur damaligen Zeit auch von der Voraussetzung ausgeht, dass der Besitz der Ehefrau zum Besitz sonstiger Güter wie z.B. auch Tiere und Sklaven hinzuzählte. Das Gebot selbst soll einen Schutz vor dem Versuch bieten, sich sog. „herrenlose Güter" aneignen zu wollen. Gemeint ist damit z.B. die kriegsbedingte und somit häufig zeitlich nicht bestimmbare Abwesenheit eines Bauern, bei der sein ganzer Besitz schutzlos und für andere Menschen interessant wird. Diese Abwesenheit stellt für fremde Herren sozusagen eine Verlockung dar und lädt zum widerrechtlichen Versuch an, sich diese Güter inklusive der Ehefrau des Bauern zu nehmen. Die Bibel stellt den Besitz eines Menschen, aber eben auch seine Beziehung als ein wichtiges Fundament der sozialen Ordnung unter den göttlichen Schutz und untersagt ein solches von Habgier und von Neid geprägtes Fehlverhalten des Menschen.

AB 3b Tiefenpsychologische Erkenntnisse zum neunten und zehnten Gebot

Während die von der historisch-kritischen Exegese nachgewiesene Schutzfunktion des Gebotes und die damit verbundene Sicherstellung der Grundlagen einer friedlichen Gesellschaft auch heute sicherlich noch auf Zustimmung treffen dürften, bedürfen die Überlegungen zur Frau als einem besitzbaren Gut, aber auch die Hintergründe zu den Motiven, die einer geplanten Durchbrechung des Gebotes, vorweggehen, einer genaueren Erläuterung. Hierfür leistet die tiefenpsychologische Bibelforschung einen wichtigen Beitrag. Der tiefenpsychologische Zugang zur biblischen Botschaft versucht, die psychische Dynamik eines Textes, aber eben auch die Auswirkungen eines biblischen Textes auf die heutige Zeit genauer zu beleuchten.
Aus Perspektive dieses Deutungsansatzes könnte man das Gebot, nicht die Frau des Nächsten zu begehren, genauso gut auch umgekehrt formulieren: „Du sollst nicht begehren deiner Nächsten Mann!" Durch diese Ergänzung will die tiefenpsychologische Auslegung vor Augen führen, dass generell niemand mehr Eigentum des anderen sein darf und dass insbesondere in Beziehungen nur Liebe und Zuwendung das Band zwischen zwei Menschen stark und wertvoll machen. Bei dieser Interpretation wird die damalige Zeit weitgehend ausgeblendet und das Begehren des Nächsten universaler verstanden. Jemanden anderen zu begehren, indem man ihn kontrollieren, dominieren oder beeinflussen will, stellt hier das abzulehnende Gegenstück zum liebevollen Da-Sein des einen für den anderen dar. Das neunte Gebot wird hier vom zehnten getrennt betrachtet. Die Beziehung zwischen zwei Menschen samt ihren wunderbaren Seiten, aber auch ihre Gefährdungen kommen als erstes in den Blick.
Bei der Betrachtung des zehnten Gebotes interessieren die tiefenpsychologische Exegese vor allem die Motive, die jemanden dazu verleiten, sich immer mehr anzueignen, die Armen immer ärmer zu machen, nur um sich selbst über andere zu erhöhen. Im Grunde genommen ist

der Neid ein Symptom für eine zutiefst gestörte Beziehung des Menschen zu sich selbst. Aus einer tiefen Verunsicherung heraus, die dazu führt, sich selbst nicht so annehmen zu können, wie man ist, mit all seinen Stärken, aber auch Schwächen, kann bei Menschen, denen ein gewisses Grundvertrauen in sich, aber auch die Welt fehlt, das Gefühl nach Kompensation, d.h. nach Ersatzbefriedigung entstehen. Immer mehr haben zu wollen, beliebt zu werden, Macht und Einfluss zu haben sollen hier das fehlende Vertrauen und das Gefühl des Geliebt-Werdens ersetzen. Die Abgründe, die sich hierbei auftun können, sind nicht zu unterschätzen. Abgesehen von den Schädigungen des Nächsten (Mitmenschen, soziale Gruppen, Nationen, der Planet als Lebensraum insgesamt) schadet ein solches von Habgier und Neid erfülltes Verhalten auch dem Schädiger selbst. Ein wirkliches Vertrauen in ihn kann so nicht entstehen, unter Umständen wird das, was er erworben hat, zudem wertlos und zieht ihn selbst in Elendsstrukturen hinein. Ein Beispiel aus der römischen Geschichte ist Crassus, der reichste Mann im Rom des 1. Jahrhunderts v. d. Z. Er ließ selber Brände in der Stadt legen, um an deren Löschung zu verdienen, und er verlieh Geld zu sehr hohen Zinsen, um sich zu bereichern. Am Ende jedoch konnten seine Schuldner ihm sein Geld nicht mehr zurückzahlen, er selbst wurde durch sein hohes Zinssystem zahlungsunfähig, zog in den Krieg und wurde dabei getötet. Dieses Schicksal zeigt die möglichen Konsequenzen auf, die Habgier und Neid für andere, aber auch für einen selbst haben können. Demgegenüber betont die Psychologie aber zugleich auch, dass Neid positive Seiten haben kann. Er kann Ausdruck der Anerkennung der Leistung anderer sein und ins Richtige gewendet dazu beitragen, selber Motivation für neue Projekte oder Ziele sein.

Michael Fresta, in Anlehnung an: (3a) Bernhard Lang, „Du sollst nicht nach der Frau eines anderen verlangen." Das 9. und 10. Gebot im Licht altorientalischer Rechtsgeschichte, in: ders., Buch der Kriege – Buch des Himmels. Kleine Schriften zu Exegese und Theologie, Leuven: PEETERS 2011, 109 – 117 und (3b) Eugen Drewermann, Die Zehn Gebote. Zwischen Weisung und Weisheit. Gespräche mit Richard Schneider, Düsseldorf: Patmos, 4. Auflage 2010, 159 ff.

1. Lest zunächst in Kleingruppen die beiden Sachtexte und klärt gemeinsam offene Fragen.
2. Analysiert die beiden Texte mithilfe der 5-Schritt-Lesemethode[1]. Bereitet euch im Anschluss daran auf eine Präsentation eurer Ergebnisse in der Klasse vor.
3. Überprüft, ob und in welchem Ausmaß die Ergebnisse eure bisherigen Erkenntnisse zum neunten/zehnten Gebot und zu seiner Darstellung bei Udo Lindenberg beeinflussen. Überlegt hierbei abschließend, ob ihr das Bild anders gestalten würdet, einzelne Elemente anders anordnen, Farben wechseln oder Bildelemente hinzufügen würdet. Wo würdet ihr euch selbst in das Bild einzeichnen (wollen)?

[1] Die 5-Schritt-Lesemethode ermöglicht eine verlangsamte Texterfassung, und zwar in der folgenden Reihenfolge: 1. Übersicht über den Text verschaffen – 2. Eigene Fragen an den Text richten – 3. Genaues Lesen (Schlüsselbegriffe markieren, Fragezeichen an den Rand setzen, Fremdwörter nachschlagen etc.) – 4. Text gliedern und für einzelne Abschnitte Überschriften finden – 5. Mit eigenen Worten Hauptaussagen des Textes formulieren

Modul 11:

Vom „Krieg der Religionen" zur „Menschenfamilie"

Abbildung 1

Abbildung 2

Abbildung 3

Zugang zu den Bildern

Abbildung 1: „Krieg der Religionen I", 135 x 115 cm, Mischtechnik auf Papier, 2001

Abbildung 2: „Krieg der Religionen II", 135 x 115 cm, Mischtechnik auf Papier, 2001

Abbildung 3: „Menschenfamilie – Keine anderen Götter? Wieso denn nicht?", 180 x 140 cm, Mischtechnik auf Leinwand, 2001

Abbildungen 1 und 2: „Krieg der Religionen"

„Krieg der Religionen II"

zentrale Bildmotive

Figuren/Bildelemente

Das weitaus facettenreichere Bild „Krieg der Religionen II" (Abbildung 2) enthält vier zentrale Motive, die sich als unterschiedliche Personen identifizieren lassen. Durch deren Positionierung wird im Bild ein Tiefenraum erzeugt. Der Blick des Betrachters springt zwischen „nah" und „fern". Zwei Figuren befinden sich unten bzw. im Vordergrund, zwei weitere oben bzw. im Hintergrund. Sie werden durch eine imaginäre Mittelsenkrechte gespiegelt. Dies erzeugt Symmetrie sowie eine harmonische Komposition. Die obere linke Figur hat ihren rechten Arm an ihrem Körper angelegt und hält darin eine nach hinten zeigende Stichwaffe, die an einen Säbel erinnert. Der Säbel ist eine Nahkampfwaffe, welche im Verlauf der Geschichte vor allem für Völker des mittleren Ostens, wie etwa die Osmanen, typisch war. Der linke Arm ist in einem rechten Winkel vom Körper gestreckt und zeigt in Richtung der sich gegenüber befindlichen Figur. In der entsprechenden Hand wird ein Gegenstand gehalten, der wie eine Waffe anmutet und zugleich an den sichelförmigen Mond erinnert. Der zwischen den beiden Enden des Gegenstandes zu schweben scheinende schwarze Stern weckt in Verbindung mit der Mondsichel Assoziationen zu den Nationalflaggen verschiedener muslimisch geprägter Staaten (wie Pakistan oder Türkei); sie war ursprünglich ein Symbol des Osmanischen Reiches. Sie ist teilweise rot eingefärbt, als könnte es sich hierbei um Blut handeln. Es wirkt, als ziehe die Figur ihre Schultern hoch, sodass ein Eindruck von Anspannung vermittelt wird. Sie trägt eine Art weißen Mantel mit gelbem Längsstreifen auf dem rechten Arm. Auf dem Haupt befindet sich eine Kopfbedeckung, die gelbe und Querstreifen in Orange aufweist und an die in muslimischen Kontexten verwendete Kopfbedeckung *Takke* erinnert. Diese Merkmale lassen in Verbindung zum Titel des Bildes den Schluss zu, dass es sich bei der dargestellten Figur um einen Menschen muslimischen Glaubens handelt. Der Kopf ist aufrecht, der Blick jedoch leicht nach unten gerichtet, die Augenbrauen hochgezogen, die Mundwinkel nach unten zeigend. Die Mimik spiegelt Unbehagen und Skepsis wider.

religiöse Symbole

Die obere rechte Figur lässt sich eindeutig als Christ beschreiben. Sie scheint ein Kollar (weißer ringförmiger Stehkragen) am Hals zu tragen. Ebenso trägt sie ein Kreuz auf der Brust sowie einen gelben/goldenen Gegenstand in der linken Hand, der ebenfalls an ein Kreuz erinnert. Während der linke Arm am Körper lehnt, zeigt der rechte leicht angewinkelt in Richtung seines Gegenübers. Die Hand hält eine Schusswaffe. Die Kleidung deutet in Verbindung mit den Kreuzsymbolen, dem Kollar und den violetten Streifen entlang der Ärmel darauf hin, dass es sich bei der Figur um einen christlichen Kleriker handelt. Die Farbe Violett nimmt in der katholischen Liturgie eine besondere Stellung ein. In der Advents- und Fastenzeit symbolisiert sie als Farbe des Übergangs Besinnung, Umkehr und Buße. Angesichts der Mimik, der gekniffenen Augen und der heruntergezogenen Mundwinkel wirkt die Farbauswahl fast ironisch.

Beziehungen der Figuren

Auffällig ist, dass sich die beiden oberen Figuren gegenüberstehen, jedoch kein Blickkontakt zwischen beiden besteht. Sie scheinen mehr als auf den Menschen auf die „Waffe" des jeweils anderen zu blicken. Es wirkt, als hätten sie den Blick für die Menschlichkeit verloren. Wie alle auf dem Bild dargestellten Figuren, werden sie ohne Unterkörper, folglich ohne Beine abgebildet. Die Protagonisten eines möglichen bevorstehenden Konflikts stehen also nicht „mit beiden Beinen auf dem Boden“, was die Aussage implizieren könnte, dass einem religiös motivierten Konflikt das Fundament fehle und dass er deshalb nicht zu rechtfertigen sei. Lediglich einige weiße und schwarze Schlieren verlassen die Körper senkrecht nach unten. Sicherlich ist das in diesem Bildausschnitt gewählte Setting ein Verweis auf zahlreiche maßgeblich religiös motivierte Konflikte und kriegerische Auseinandersetzungen innerhalb der Geschichte von Menschen, die sich als christlich oder muslimisch verstanden haben. Weiterhin fällt auf, dass die Figur, die die Schusswaffe auf ihr Gegenüber richtet, offensichtlich bezüglich ihrer letalen Wirkung bevorteilt ist.

Die unteren Figuren unterscheiden sich besonders in zwei Merkmalen von den oberen. Zum einen haben sie keine Gegenstände in ihren Händen. Da keine distanzierenden Gegenstände vorhanden sind, wirkt der Kontakt unvermittelter. Würden beide ihre Hand öffnen und ausstrecken, könnten sie sich ohne Zweifel die Hände als Zeichen der Versöhnung reichen. Zum anderen weisen sie eine andere Mimik auf. Die Mundwinkel sind neutral und die Blicke der beiden Figuren scheinen sich zu treffen. Die linke Hand der linken Figur bildet eine Faust, die rechte Hand der rechten Figur formt eine Pistole. Das Szenario erinnert an das Spiel „Schere, Stein, Papier“. Beide haben ihren jeweils anderen Arm ebenfalls fest am Körper anliegen. Dadurch wirkt es, als seien sie angespannt, erstarrt und unbeweglich. Die rechte Figur lässt sich aufgrund der schwarzen Bekleidung, des schwarzen Bartes sowie der schwarzen Schläfenlocken als orthodoxer Jude identifizieren. Die linke Figur hingegen kann mit ihrem weißen Gewand mit roten Akzenten an den Ärmeln sowie der karierten Kopfbedeckung, die stark an eine muslimische Kufiya erinnert, als Muslim (oder sogar als muslimischer Palästinenser?) gelten. Insgesamt aber scheint das Verhältnis der beiden unteren Figuren bei Weitem nicht so angespannt, wie dasjenige der oberen.

Bildhintergrund/ Farbgebung

Der Hintergrund des Bildes ist bläulich gefärbt. Er wirkt insgesamt kühl und beinhaltet keine weiteren Motive. Es scheint, als seien die Protagonisten von dem eigentlichen Weltgeschehen isoliert. Soll das bedeuten, dass die religiösen Konflikte, auf die das Bild anspielt, jenseits der Realität stattfinden, dass sie gleichsam „weltfremd“ sind? Weitere Aspekte des Bildes hinterlassen offene Fragen: Möchte der Künstler durch die räumliche Einteilung eine Blockbildung der Religionen suggerieren? Schließlich befinden sich zwei Muslime auf der linken, ein Christ und ein Jude auf der rechten Seite des Bildes. Wieso greifen die oberen Figuren zu den Waffen, die unteren jedoch nicht? Gegebenenfalls handelt es sich hier um eine Interpretation der weltpolitischen Lage zur Entstehungszeit des Bildes. Lindenberg stellt das Verhältnis der Religionen primär als negativ dar und hebt in besonderem Maße das gewaltstiftende Potenzial von Religion(en) hervor. Gänzlich außen vor bleibt ihre mögliche friedensfördernde Wirkung. Damit tritt in den Interpretationen des Künstlers ein exklusivistisches Verständnis von sich wechselseitig ausschließenden Religionen hervor, die sich in erster Linie durch Skepsis, Argwohn, Aggression oder drohende Eskalation und weniger durch Freundschaft, Aussöhnung oder Toleranz auszeichnen.

„Krieg der Religionen I“

Das Bild „Krieg der Religionen I“ (Abbildung 1) kann in ähnlicher Weise gedeutet werden, auch wenn die hier gezeichneten Figuren eher auf ethnische oder kulturelle als auf religiöse Differenzen abheben. Im Gegensatz zu den zuvor beschriebenen Figuren kommt es hier bereits zum Körperkontakt und zur Eskalation von lebensbedrohlicher Gewalt. Darauf mag der durchgängig rot gefärbte Bildhintergrund warnend hinweisen.

Abbildung 3: „Die Menschenfamilie"

Bildaufteilung

Das Bild erscheint auf den ersten in Blick in seiner Komposition unruhig. Eine Vielzahl sich überschneidender bzw. miteinander verschränkter Motive, ausgedrückt durch entsprechend viele menschliche Individuen, ist darauf zu erkennen. Aufgrund ihrer hohen Anzahl sollen an dieser Stelle nur einige von ihnen exemplarisch beleuchtet werden. Auffällig ist, dass das Bild Menschen verschiedener ethnischer, kultureller und religiöser Herkunft abbildet. Dies wird zum einen an unterschiedlichen Hauttönen, an unterschiedlichen Körpermerkmalen (z. B. Gestaltung der Augen- und Mundpartie) und an unterschiedlichen Bekleidungsstilen (inkl. Kopf- und Körperschmuck) deutlich. So lassen sich Vertreter der indigenen Bevölkerung Nord- und Südamerikas und Afrikas erkennen. Darüber hinaus weist die unterschiedliche Bekleidung auf Menschen mit unterschiedlichem sozialen Status hin. Manche Figuren erscheinen nackt, einige in schlichtem (traditionellen/religiösen) Gewand, wiederum andere mit Fliege und Hut (bspw. an Texaner erinnernd) oder in Astronautenanzügen mit der Aufschrift „Nase" (rechts unten). Insgesamt zeichnet das gesamte Bild also ein hohes Maß an Pluralität.

Bildmotive und Figuren

→„Krieg der Religionen I"

Emotionen und Beziehungen der Figuren

Die Personengruppe bildet in ihrer Gesamtheit ein imaginäres Rechteck und ist lediglich umrandet von einem schmalen dunkeln Hintergrund, der einen deutlichen Kontrast zur farblichen Gestaltung der restlichen Motive bildet, die wiederum in bunten und harmonischen Farben sowie diversen Pastelltönen gehalten sind. Besonders auffällig sind auch die dargestellten Handlungen der Menschen: Sie lächeln, liegen sich in den Armen, haben direkten Blickkontakt, sind sich physisch nah, erheben Sektgläser etc. Die Stimmung wirkt ausgelassen, lebendig, freudig, an manchen Stellen gar intim oder sexuell aufgeladen (bedingt durch Nacktheit, Blickkontakt und körperliche Nähe). Dabei spielt es keine Rolle, welches Geschlecht die betreffenden Figuren haben, was ohnehin bei vielen Figuren nicht identifizierbar ist. Beachtlich ist, dass die kulturelle Beheimatung und die äußeren Merkmale keinen Einfluss darauf haben, wer mit wem interagiert. Die Nähe unter den Menschen ist so groß, dass an manchen Stellen nicht ersichtlich ist, zwischen welchen Figuren direkte Handlungen vollzogen werden. Durch die Aufhebung äußerlicher Grenzen kann an dieser Stelle durchaus davon gesprochen werden, dass in diesem Bild das Menschsein, die Menschenfamilie, regelrecht gefeiert wird.

zentrale Motive

Bei genauerer Betrachtung des Bildes wird allerdings deutlich, dass vier Motive besondere Auffälligkeiten zeigen: Mittig im unteren Bereich der Menschengruppe befindet sich eine Gestalt, die zwar menschliche Gesichtszüge aufweist, deren Körper allerdings animalische Züge trägt und an einen Hominiden erinnert. Könnte das bedeuten, dass hier die gesamte Schöpfung durch die Zeiten an der abgebildeten Gemeinschaft partizipiert oder in die Verantwortung der Menschheit miteinbezogen wird? Im rechten oberen Bereich ist eine Figur mit orangefarbener Kopfbedeckung und Kleidung zu sehen, die durch ihren Gesichtsausdruck nicht recht in das Bild passt. Denn sie hat nach unten gezogene Mundwinkel und trägt einen traurigen Blick, scheint daher nicht in das restliche Geschehen involviert zu sein. Eine weitere Figur befindet sich am oberen linken Rand, eine andere im oberen Bilddrittel relativ zentral. Beide sind in blau-gelbe Gewänder gekleidet und ihre Gesichter sind verschleiert, auf ihren Köpfen bzw. der Stirn befindet sich eine Mondsichel mit angedeutetem Stern. Ihre Blicke wirken betrübt und traurig. Durch diesen Verweis auf bestimmte Auslegungen des islamischen Glaubens entsteht eine versteckte Kritik: Wer Körper und Gesicht vollends verschleiert, nimmt sich selbst oder lässt sich den zwischenmenschlichen Kontakt nehmen. Denn beide Figuren scheinen nicht in der Lage zu sein, wie die anderen auf menschliche Weise zu interagieren und geraten so in eine Art (Selbst-)Isolation.

Utopie

Lindenberg kreiert mit seinem Bild eine Art Utopie. Es wirkt fast wie Zauberei (siehe bspw. die Figur mit Hut, die an einen Zauberer erinnert). Wie es der Bildtitel bereits suggeriert, sind alle Menschen, gleich welchen Geschlechts, welcher Kultur, welchen Aussehens, welcher Religion sie sind oder welche sonstigen Eigenschaften sie tragen, Teil einer großen Menschenfamilie. Im Unterschied zu den anderen Bildern seines Dekalog-Zyklus schafft der Künstler hier eine positive Stimmung. Dort, wo die anderen die negativen Seiten menschlichen Zusammenlebens in den Blickpunkt rücken, wird in der „Menschenfamilie“ das Menschsein gefeiert. Gleichzeitig wird deutlich, dass dieser dargestellte Zustand freudiger Erregung und Harmonie eine Utopie bleibt und fortlaufendes Engagement erfordert. Dieses Bedürfnis nach stetigem Einsatz für die Menschenfamilie zeigt sich dadurch, dass Menschen zu sehen sind, die noch immer kein Teil dieser Familie zu sein scheinen. Es bleibt folglich offen, ob Lindenberg damit die kulturgeschichtliche und soziologische Bedeutung der Zehn Gebote hervorheben möchte und dadurch aussagt, dass eine Menschenfamilie möglich ist, wenn man sich an die Gebote hält. Oder liegt eine Aussage des Bildes umgekehrt darin, dass der Verzicht religiöser Regeln der Ermöglichungsgrund einer solchen Familie sein kann? Letzteres könnte insbesondere vor dem Hintergrund der Bilder „Krieg der Religionen“ vermutet werden.

Didaktisch-methodische Perspektiven

religionskritische und interreligiöse Perspektive

Die Anregungen dieses den vorliegenden Band abschließenden Moduls beschäftigen sich primär mit dem Verhältnis zwischen den Religionen und der Frage, ob Religionen Frieden behindern oder ermöglichen. Es mündet in der abschließenden Beurteilung der Bedeutung der Zehn Gebote für das menschliche Zusammenleben.

Einstieg
→ AB 1

Problemaufwurf

Zum *Einstieg* begegnen die Schülerinnen und Schüler dem Bild „Krieg der Religionen II“ indem sie aufgefordert werden, die darin enthaltenen Personen und Handlungen nachzustellen. Dabei sollen in besonderem Maße Körperhaltung und Mimik berücksichtigt werden. Dieser Zugang lässt es zu, die Grundstimmung des Bildes nachzuvollziehen (vgl. dazu die oben vorgenommene Bilderschließung). Die dargestellten Personen wirken starr, betrübt und drohend. Trotz räumlicher Nähe gibt es keine Interaktion der Religionsvertreter, denn sie lauern und betrachten ihr Gegenüber jeweils misstrauisch. Daraus sollen die Schülerinnen und Schüler die Frage entwickeln, weshalb das Verhältnis der Religionen auf diese Art und Weise abgebildet wird. Eine Irritation ergibt sich aus dem Umstand, dass alle Weltreligionen (jenseits radikaler oder fundamentalistischer Strömungen) zwar einen friedvollen Selbstanspruch pflegen, Beispiele aus Vergangenheit und Gegenwart jedoch zeigen, dass Gewaltakte und sogar Kriege religiös legitimiert wurden (vgl. die zweite Aufgabe). Hinsichtlich des Verhältnisses von Religion und Krieg bzw. Gewalt denkt man an historische Beispiele wie die Kreuzzüge oder auch an gegenwärtige Gewalt als Konsequenz einer radikal islamistischen Auslegung des Begriffs Dschihad.

Erarbeitung I
→ AB 2

Es scheint im Sinne einer *vertiefenden Erarbeitung* empfehlenswert, das Verhältnis von Religion und Krieg an einem konkreten Beispiel zu entfalten, wofür das zweite Arbeitsblatt eine Grundlage bietet, indem es eine erste Verhältnisbestimmung und sinnvolle Erläuterungen liefert (bspw. die mittelalterlichen Kreuzzüge, die sowohl im Religions- als auch Geschichtsunterricht behandelt werden). Hierbei (vgl. den zweiten Arbeitsauftrag) sollten folgende Untersuchungsfragen eine übergeordnete Rolle spielen: *Stehen Handlungen im Widerspruch zu wichtigen Glaubensüberzeugungen der jeweiligen Religion? Welches sind die inneren und äußeren Ursachen des Konflikts? Welche (persönlichen) Motive stehen hinter den kriegerischen Handlungen?* Bei der Beantwortung dieser Fragen an einem konkreten Beispiel können die Schülerinnen und Schüler die Erkenntnis gewinnen, dass sich scheinbar religiös motivierte Gewaltkonflikte bei einer multiperspektivischen Untersuchung als politische oder fundamentalistische Akte entpuppen können. Auf den zweiten Blick kann sich herausstellen, dass neben religiösen auch politische und persönliche Interessen eine gewichtige Rolle bei der Entstehung eines Konflikts haben können. So kann etwa daran gezweifelt werden, dass Papst Urban II. bei seiner Rede aus dem Jahr 1095, die allgemeinhin als Aufruf zum Kreuzzug verstanden wird, nur religiöse Interessen im Hinterkopf hatte. So motivierten ihn gewiss auch die Stärkung der eigenen Autorität gegenüber der weltlichen Macht und seine Einflussnahme auf das byzantinische Reich. An dem Aufruf „Deus lo vult“ (Gott will es so) lässt sich in berechtigter Weise zweifeln.

Erarbeitung II
→ AB 3

Dass Krieg oder Gewaltakte jeglicher Art nicht a priori eindimensional als religiös beurteilt werden können, verdeutlicht das Interview mit Samuel P. Huntington. Seine darin getätigten Äußerungen zum „Kampf der Kulturen“ veranschaulichen, welche Rolle hochkomplexe soziologische, ökonomische oder politische Besonderheiten bei einer Erklärung potenzieller Konflikte spielen können. Huntington beschreibt einen Kampf der Kulturen und Religionen als deren Bestandteil und zieht dabei imaginäre geografische Kulturgrenzen, die die Heterogenität einzelner Gesellschaften verkennen. Auf der Basis gegenwärtiger Medienberichterstattung sowie eines erstarkenden Nationalismus in Deutschland und Teilen Europas könnte der Eindruck durchaus verstärkt werden, man befinde sich in einem Krieg der Kulturen. Ziel einer Auseinandersetzung mit den Aussagen Huntingtons in Verbindung mit Lindenbergs Bild „Krieg der Religionen II“ ist eine differenzierte *Urteilsbildung* der Schülerinnen und Schüler. Sie beurteilen dabei, ob es sich bei einem Krieg der Religionen tatsächlich um einen religiös begründeten Konflikt handelt. Ergänzend kann Lindenbergs Bild „Krieg der Religionen I“ fungieren, denn es zeigt einen physischen Akt der Gewalt.

Stellungnahme/ Urteilsbildung

Transfer

Einen thematischen *Transfer* bilden die folgenden Arbeitsmaterialien. Haben sich die vorangegangenen Fragestellungen voranging mit dem Konfliktpotenzial von Religionen beschäftigt, so geht es in der Folge um die Frage, wie sich die Gelingensbedingungen eines Zusammenlebens aller Menschen in Würde und Frieden darstellen könnten. In diesem Zusammenhang soll auch das friedensstiftende Potenzial von Religion beleuchtet werden. Lindenbergs Bild „Die Menschenfamilie“ entwirft eine Utopie, die gewissermaßen mit den Inhalten der anderen Bilder aus dem Dekalog-Zyklus bricht (vgl. die obige Bilderschließung). Die Schülerinnen und Schüler sollen zunächst einen geeigneten Titel für das Bild finden und diesen begründen. Anschließend erörtern sie unter Bezug auf den Originaltitel die Frage, weshalb Lindenberg dieses Bild ergänzend zu seinen Zehn Geboten geschaffen haben könnte. Möchte er mit seiner Darstellung den Zustand einer Überwindung religiöser Gebote im Allgemeinen zeigen oder ihre positive Relevanz für das Zusammenleben der Menschen darstellen? *Vertiefend* dazu dient die Bearbeitung von John Lennons musikgeschichtlichen Klassiker „Imagine“. Eine in weiten Teilen ähnliche Vorstellung einer Menschenfamilie („brotherhood of man“) nimmt dabei ebenfalls Motive wie Gewalt oder Gier auf, die auch in Lindenbergs Dekalog-Zyklus zu finden sind. Während bei Lindenberg offenbleibt, wie der im Bild dargestellte Zustand erreicht werden kann, gibt Lennon zumindest indirekte Vorschläge („all the people living for today“, „Sharing all the world“, „Imagine there's no countries“, „And no religion, too“). Die Schülerinnen und Schüler fragen an dieser Stelle, ob die Visionen Lindenbergs und Lennons als realisierbar erscheinen und benennen zu überwindende soziale, politische und ökonomische Probleme sowie daraus abzuleitende Herausforderungen an die Menschheit insgesamt. Dabei spielt auch die Frage eine Rolle, ob Religionen einen solchen Prozess fördern oder hemmen können. Interessante Parallele: Udo Lindenberg erwähnt in seinem aktuellen Song aus dem Jahr 2018 „Wir ziehen in den Frieden (feat. Kids on Stage)“ auch John Lennons Song „Give Peace A Chance“ (1969).

→ AB 4 bis AB 9

→ AB 4

→ AB 5

→ AB 6

In dieser inhaltlichen Linie zeigt das historische Beispiel eines muslimischen Gebets im Kölner Dom, dass das Verhältnis zwischen Angehörigen verschiedener Glaubensgemeinschaften friedvoll und von echter Gastfreundschaft geprägt sein kann. Ausgehend von diesem expliziten und vielleicht auch polarisierenden Beispiel sollen die Schülerinnen und Schüler recherchieren, wie das Verhältnis von Religionen gegenwärtig in den Medien dargestellt wird. Dabei werden sie vermutlich auf zahlreiche Negativschlagzeilen wie antisemitische Straftaten oder terroristische Gewalt stoßen. Aber auch positive Beispiele sollten nicht außen vor bleiben, denn es lassen sich ebenso Nachrichten finden, wie Angehörige verschiedener Religionen freundschaftlich und friedvoll miteinander umgehen können und von welchen Anliegen ihr Handeln getragen ist (bspw. bei inter- oder multireligiösen Feiern, im aktiven interreligiösen Dialog oder beim gemeinsamen wohltätigen Einsatz). Hieraus sollen Kriterien für die Partizipation verschiedener Religionen an der einen „Menschenfamilie“ entwickeln werden (vgl. den dritten Arbeitsauftrag).

Vertiefung theologische Perspektive

→ AB 7a bis AB 7d

→ AB 8

Im Sinne einer *theologischen Vertiefung* schließen die weiteren Vorlagen an. Hier wird das religionstheologische Grunddilemma skizziert: Wie kann man den theologischen Ansprüchen der eigenen Tradition gerecht werden und gleichzeitig die religiöse Andersheit der Angehörigen einer anderen Religion angemessen würdigen? Je nachdem ob man eine exklusivistische, inklusivistische oder pluralistische Position vertritt, hat dies auch praktische Konsequenzen für den Umgang mit Angehörigen anderer Religionen. Der Theologe und Begründer des „Projekt Weltethos“ Hans Küng unterbreitet mit der Idee eines Weltethos einen Vorschlag zur Umsetzung eines „guten und konstruktiven Zusammenlebens“. Die Schülerinnen und Schüler erarbeiten unter Zuhilfenahme der Onlinepräsenz der Stiftung Weltethos die wesentlichen Prinzipien dieses Ansatzes und beurteilen seine Notwendigkeit und Umsetzbarkeit (vgl. dazu auch das Eingangsmodul in diesem Band).

Transfer

→ AB 9

→ Modul 1

gesellschaftspolitische Perspektive

In einem resümierenden *Abschluss* des Moduls vergleichen die Schülerinnen und Schüler Lindenbergs Bilder „Moses“ und „Dach der Welt“, das nicht im engeren Sinne zum Zyklus zählt, sich aber ikonografisch wie inhaltlich treffend einfügen lässt. Denn auffällig sind die Analogien zwischen beiden Bildern in Farbgebung und Bildelementen. Ein wesentlicher Unterschied besteht darin, dass Bild „Dach der Welt“ weder eine göttliche Instanz noch einen Mittler zwischen Göttlichem und Weltlichem, zwischen Transzendenz und Immanenz aufweist. Daraus lässt sich unter Einbezug der vorangegangenen Unterrichtsinhalte die abschließende Frage ableiten: *Welche Bedeutung haben die Zehn Gebote für das Zusammenleben in der einen gemeinsamen Welt?*

AB 1 Udo Lindenberg: Krieg der Religionen

© Udo Lindenberg

1. Stellt das Bild in Kleingruppen nach. Notiert eure Wahrnehmungen und Gedanken und nehmt erste Deutungen vor.
2. Erörtert das Verhältnis von Krieg und Religion. Nutzt dazu historische und aktuelle Beispiele.

AB 2 Weltreligionen und Gewalt

Religionen erweisen sich immer dann als besonders aggressiv und intolerant – nach innen wie nach außen –, wenn sie religiös (und damit eben auch politisch) universalen Geltungsanspruch erheben. Dies gilt, wie die Geschichte zeigt, in besonderem Maß für die prophetischen Religionen nahöstlich-semitischen Ursprungs und da vor allem für das Christentum und für den Islam. Zwar bietet die Hebräische Bibel der Juden (etwa die Bücher Deuteronomium, Exodus und Joshua) auch reichlich Belege für Aufforderungen zu Kampf und Krieg für Gottes heilige Zwecke, doch hat das Judentum, als Religion ganz auf sein Volk und sein Land konzentriert, nie einen Universalanspruch erhoben.

Die Religionen Asiens – etwa Hinduismus, Buddhismus, Jainismus und Taoismus – neigen theologisch weniger zum Exklusivismus, der außerhalb der eigenen Religion keine Wahrheit erkennt. Sie denken eher inklusivistisch: Alle Religionen repräsentieren nur verschiedene Stufen, Ebenen, Teilaspekte der eigenen universalen Wahrheit! Sie sind nicht unwahr, wohl aber vorläufig und haben Teil an der universalen viel umfassenderen eigenen Wahrheit. Deshalb ist den Religionen Asiens auch heilsgeschichtliches Denken weitgehend fremd, das ausgeht von der Schöpfung der Welt durch den einen Gott, nach dessen Willen der Mensch zu leben hat, dem er sich zu unterwerfen hat und durch den er am Ende der Zeit vollendet wird. Bei aller Rechthaberei und Intoleranz, die es in diesen Religionen natürlich auch gibt, sind deren Heilsvorstellungen vielfältig – was für Juden, Christen und Muslime kaum vorstellbar ist – und haben sich im Laufe der Geschichte dieser Religionen immer auch verändert.

Das Christentum beginnt zunächst ganz unscheinbar als „jüdische Sekte“ (die 12 Apostel blieben praktizierende Juden) in einem entlegenen Winkel des Imperium Romanum. Erst der Apostel Paulus öffnet die Christengemeinden für nicht jüdische, griechische Zeitgenossen; er verbreitet das Christentum gewaltfrei auf seinen Missionsreisen (ca. 40–60 n.Chr.) über Kleinasien bis nach Rom. Freilich verweigern die frühen Christen römischen Staatsgöttern und Kaiser den Kult, und so werden bis Mitte des 3. Jahrhunderts Tausende Opfer staatlicher Verfolgung. Erst Kaiser Konstantin gewährt 313 dem ganzen Reich Religionsfreiheit. Unter Theodosios werden schließlich 392 sämtliche heidnischen Kulte verboten, und das Christentum wird faktisch Staatsreligion, die ihren wachsenden religiösen Absolutheitsanspruch bald auch mit Gewalt durchzusetzen beginnt. Die Intoleranz gegenüber Andersgläubigen (zunächst vor allem Juden) nimmt zu und die glorreiche Erfolgsgeschichte der Christenheit wird mehr und mehr auch zur fatalen Geschichte kirchlich-staatlicher Gewalt gegen Ungläubige, Juden, Ketzer und Schismatiker. […]

Die Geschichte des Islam, vor allem seine Frühgeschichte, ist von Anfang an geprägt von Kriegen und militärischer Expansion, was dem Islam bis heute das – so pauschal betrachtet unberechtigte – Image einer besonders gewaltbereiten Religion verschafft: […] Als Prophet Muhammad ab 612 seine Offenbarungen öffentlich verkündet, wird er fast allgemein abgelehnt; er und seine Anhänger werden 622 zur Emigration (Higra) von Mekka nach Medina gezwungen […] Die muslimische Gemeinde ist von Anfang an religiöse Gemeinschaft und politische Gemeinde […] Die innerislamische Auseinandersetzung um den wahren Nachfolger des Propheten (Kalif) führt immer wieder auch zu kriegerischen Auseinandersetzungen zwischen den verschiedenen Parteiungen […] Der Islam ist jetzt eine universale, eine Weltreligion; keine andere Religion hat sich so rasch, so weit und so nachhaltig ausgebreitet.

Bei aller militärischen Expansionskraft ging es den Kalifen aber primär um die Ausdehnung des islamischen Staates und nicht um die Ausbreitung der islamischen Religion. Christen und Juden sollten nicht bekehrt werden, sondern mit Steuern den islamischen Staat finanzieren: geschützte Minderheiten, doch Bürger zweiter Klasse. Das vielzitierte Koranwort „Djihad“

Best.-Nr. 122825

meint denn auch nicht „heiliger Krieg“, sondern zunächst einmal „Anstrengung“ im moralischen Sinn, ein „Bemühen auf dem Wege Gottes“. Die gemäßigten Muslime verstehen das Wort heute allgemein so. Aber man darf nicht bagatellisieren, dass „Djihad“ auch schon in den ursprünglichen Quellen als kriegerische Auseinandersetzung verstanden wird. Und diese Aussagen können heutzutage leicht von politischen Fanatikern zur Legitimation missbraucht werden. Dennoch praktiziert die überwältigende Mehrheit der Muslime weltweit einen friedlichen und auch toleranten Islam – entgegen den vor allem im Westen verbreiteten Klischees und Vorurteilen.

Stephan Schlensog, Religion und Gewalt. Themenblätter im Unterricht Nr. 17, hg. von der Bundeszentrale für politische Bildung, Bonn 2002, 1 f.

1. Arbeitet heraus, welche Rolle in den jeweiligen Religionen das Phänomen Krieg und Gewalt spielt.
2. Stellt euren Ergebnissen aktuelle politische Konflikte gegenüber, in denen auch Religionen involviert sind, und beurteilt deren Rolle. Beachtet dabei auch fundamentalistische Ausprägungen von Religion.

AB 3 Clash of Civilizations

Der amerikanische Politikwissenschaftler Samuel P. Huntington erläutert in einem Interview mit dem „SPIEGEL“ seine Theorie zum Kampf der Kulturen (Clash of Civilizations):

[...]

Huntington: Ich bin aber der festen Überzeugung, dass die Weltpolitik künftig nicht mehr primär von konkurrierenden Ideologien oder von Nationalstaaten oder Wirtschaftsblöcken bestimmt wird – sondern vom Zusammenprall verfeindeter Kulturen. Wenn es einen nächsten Weltkrieg geben sollte, wird es ein Krieg zwischen unterschiedlichen Zivilisationen sein. Die Schlachtfelder der Zukunft liegen entlang der kulturellen Fronten [...,] die Kraftfelder des Globus verschieben sich: weg von dem immer noch vieles bestimmenden Westen, hin zu anderen Zivilisationen.

SPIEGEL: Wie definieren Sie Zivilisation?

Huntington: Als die größte kulturelle Einheit, mit der sich die Menschen identifizieren. Gemeinsame Sprache, Geschichte, Gebräuche gehören dazu. Der schnelle soziale Wandel und die weltweite wirtschaftliche Modernisierung lassen die Menschen nach neuen Gemeinsamkeiten suchen; das schwächt den Nationalstaat als Quelle der Identität. Oft tritt die Religion an seine Stelle: Eine Person kann zur Hälfte französisch, zur Hälfte arabisch sein – aber nicht halb katholisch, halb moslemisch. Religion schafft Zusammengehörigkeit, Abgrenzung gegenüber anderen. Deshalb gewinnen die Fundamentalisten des Islam, aber auch die Fundamentalisten des Christentums und des Hinduismus an Boden.

SPIEGEL: Wie viele Zivilisationen unterscheiden Sie?

Huntington: Die Welt wird künftig hauptsächlich durch die Wechselbeziehungen zwischen sieben oder acht großen Kulturen geprägt: die westliche, die islamische, die chinesische, die japanische, die hinduistische, die slawischorthodoxe, die lateinamerikanische und möglicherweise die afrikanische. Die Fronten zwischen diesen Kulturen ersetzen die ideologischen Grenzlinien des Kalten Krieges als Brennpunkte für Krisen und Blutvergießen. [...]

SPIEGEL: Wo liegen die großen Bruchlinien zwischen den Kulturen, an denen Ihrer Meinung nach die Kriegsgefahr am größten ist?

Huntington: Entlang der islamischen Welt, die blutige Grenzen hat. Im Balkan, im Kaukasus, in Zentralasien, in Nahost, quer durch Nordafrika; aber auch in Südostasien existieren Kontroversen zwischen moslemischen Fanatikern und ihren Nachbarn – verstärkt durch den demografischen Druck: Islamische Gesellschaften haben extrem hohe Geburtenraten.

SPIEGEL: Gibt es eine gefährliche kulturelle Frontlinie auch in Europa?

Huntington: Der Eiserne Vorhang wird von einem kulturellen Graben abgelöst, der sich nach dem Ende des Kalten Krieges zwischen dem christlichen Westeuropa und dem orthodoxen Osten beziehungsweise dem Islam vertieft hat. Die Bruchlinie verläuft etwa entlang der Grenzen der christlichen Konfessionen vom Jahr 1500 zwischen dem Baltikum und Russland, teilt die katholische West-Ukraine vom östlichen orthodoxen Landesteil, durchschneidet Rumänien. Auf dem Balkan spaltet sie das ehemalige Jugoslawien mit blutigen Folgen.

SPIEGEL: Ist die Welt nicht viel zu komplex geworden für ein so vereinfachtes Modell, wie Sie es mit dem Kampf der Kulturen aufgestellt haben? Lauter Fragen ohne Antwort: Heizt nicht die ungleiche Verteilung von Reichtum auf der Welt die Konflikte mehr an, als es die Gedanken von Mohammed, Jesus oder Konfuzius vermögen? Siegt nicht die Habgier der

Nationen, die mit dem chinesischen Angriff wegen der Ölfelder ja auch Ausgangspunkt ist für Ihr Kriegsszenario?

Huntington: Natürlich existieren wirtschaftliche Interessen, aber sie sind nicht von primärer Bedeutung. Die Menschen kämpfen und sterben für ihren Glauben und identifizieren sich mit ihrer Kultur – das hält sie zusammen, mehr denn je. Deshalb ist mein Gedankenmodell, das den Kalten Krieg ersetzt, der beste Kompass für die Zukunft.

DER SPIEGEL, Nr. 48/1996, 187 ff.

1. Gebt die Kernaussagen aus dem Interview wieder.
2. Vergleicht gemeinsam die Theorie Huntingtons mit Udo Lindenbergs Bild „Krieg der Religionen II“. Welche ähnlichen Aussagen lassen sich finden?
3. Setzt euch mit der Theorie Huntingtons auseinander. Wie plausibel sind seine Begründungen aus eurer Perspektive?

AB 4 Eine bunte Versammlung

© Udo Lindenberg

1. Betrachtet einige Minuten lang das Bild. Notiert, wie die abgebildeten Personen aussehen und welche Handlungen dargestellt werden. Gibt es besondere Auffälligkeiten?
2. Sucht in Partnerarbeit einen geeigneten Titel für das Bild und begründet eure Auswahl in einem kurzen kommentierenden Text.
3. Erörtert mögliche Gründe, warum der Künstler Udo Lindenberg dieses Bild ergänzend zu seinen anderen Darstellungen der Zehn Gebote gemalt haben könnte.

Best.-Nr. 122825

AB 5 John Lennon: Imagine (1971)

Imagine there's no heaven
It's easy if you try
No hell below us
Above us only sky
Imagine all the people living for today

Imagine there's no countries
It isn't hard to do
Nothing to kill or die for
And no religion, too

Imagine all the people
Living life in peace

You, you may say I'm a dreamer
But I'm not the only one
I hope someday you will join us
And the world will be as one

Imagine no possessions
I wonder if you can
No need for greed or hunger
A brotherhood of man

Imagine all the people
Sharing all the world

You, you may say I'm a dreamer
But I'm not the only one
I hope someday you will join us
And the world will live as one

Stell dir vor, es gäbe kein Himmelreich
Es ist einfach, wenn du es (nur) versuchst
Keine Hölle unter uns
Über uns nur der Himmel
Stell dir vor, die Menschen würden nur im Hier und Jetzt leben

Stell dir vor, es gäbe keine Länder
Es ist gar nicht so schwer
Nichts, für das es sich zu töten oder sterben lohnen würde
Und auch keine Religion (auch nicht für Religionen)

Stell dir all die Menschen vor,
die in Frieden leben würden

Du könntest sagen, ich sei ein Träumer
Aber ich bin nicht der Einzige
Ich hoffe, eines Tages bist du einer von uns
Und die Welt wird eins

Stell dir vor, es gäbe keinen Besitz
Ich frage mich, ob du das kannst
Keinen Grund für Gier und Hunger
Eine Menschenfamilie

Stell dir all die Menschen vor,
die sich alles auf der Welt teilen

Du könntest sagen, ich sei ein Träumer
Aber ich bin nicht der Einzige
Ich hoffe, eines Tages bist du einer von uns
Und die Welt wird vereint leben

1. Benennt eure Höreindrücke zum Song von John Lennon und arbeitet in Partnerarbeit die Bedeutung des Textes heraus.
2. Untersucht gemeinsam, welche Bildelemente aus Udo Lindenbergs Bild „Menschenfamilie“ sich im Songtext von John Lennon wiederfinden lassen.
3. Könnt ihr euch Menschen vorstellen, „die sich alles auf der Welt teilen“? Begründet eure Antwort und überlegt weiter: Wie könnte ein solcher Zustand erreicht werden?

AB 6 Muslime beten im Kölner Dom

Aus einem Zeitungsartikel aus dem Jahr 1965:

KNA – Katholische Nachrichten Agentur

Muselmanen beteten im Kölner Dom bei einem mohammedanischen Gottesdienst zum Abschluss des Fastenmonats Ramadan. Das Domkapitel hatte mehreren hundert türkischen Gastarbeitern, weil im Kölner Gebiet keine Moschee vorhanden ist, zwei Seitenschiffe der katholischen Kathedrale zur Verfügung gestellt. Auf mitgebrachten Gebetsteppichen kniend, rühmten die Türken Allahs Größe. Am gleichen Ort hatte 1147 der Zisterzienser-Abt Bernhard von Clairvaux zum zweiten Kreuzzug gegen die Türken aufgerufen.

DER SPIEGEL, Nr. 8/1965

1. Beurteilt das im Zeitungsartikel dargestellte Ereignis aus dem Jahr 1965. Wäre das heute auch denkbar?
2. Recherchiert aktuelle Beispiele aus Zeitungen und Online-Medien, die sich auf den Kontakt zwischen Angehörigen verschiedener Religionen beziehen, und vergleicht sie miteinander.
3. Beurteilt, ob und inwiefern Menschen verschiedener Religionen Teil einer „Menschenfamilie“ sein können. Entwickelt dafür eigene Kriterien.

AB 7a Das religionstheologische Grunddilemma

Unsere spätmodernen Gesellschaften sind durch eine Pluralität an Perspektiven, Lebensentwürfen, Werten und Überzeugungen gekennzeichnet. Auch für die Theologie ist diese Vielfalt an Weltbildern und Deutungen der Wirklichkeit eine Herausforderung: Warum gibt es so viele Religionen? Hat Gott diese Vielfalt gewollt, weil wir alle verschieden sind und es deshalb unterschiedliche Wege zu ihm gibt? Oder ist sie eine Prüfung für den Menschen, die einzig wahre Religion, den einzig wahren Weg zu Gott zu finden?

Die *Theologie der Religionen* als wissenschaftliche Disziplin geht diesen Fragen nach und überlegt, wie man als gläubiger Mensch auf die Vielfalt der Religionen antworten kann. Diese Antwort muss dabei zwei Anforderungen gleichwertig genügen: Zum einen gilt es, den *Wahrheits- und Geltungsanspruch* der eigenen religiösen Tradition ernst zu nehmen. Religiöse Menschen sind überzeugt davon, dass die Glaubenssätze ihrer Tradition oder Konfession eine angemessene Wirklichkeitsdeutung darstellen. Nicht nur wird ihnen im Glauben an diese Wirklichkeitsdeutung Identität und Gemeinschaft gestiftet, auch beschreibt sie den Weg für Erlösung, Heil und Frieden. Neben der Anforderung dem Wahrheitsanspruch der eigenen religiösen Tradition treu bleiben zu können, muss die Antwort auf die Frage nach dem Umgang mit der religiösen Vielfalt zudem aber auch der Anforderung genügen, andere Wirklichkeitsdeutungen im Allgemeinen und andere religiöse Traditionen im Besonderen wertzuschätzen. Diese *Wertschätzung von Andersheit* bezieht sich dabei nicht nur auf das Gleiche oder das dem eigenen Ähnliche. Sie meint auch die Wertschätzung von mir fremden und sehr unterschiedlichen Überzeugungen.

Im Blick auf die Geschichte der abendländischen Theologie und Religionsphilosophie haben sich dabei drei klassische Antwortstrategien entwickelt, die als klassische Modelle der Religionstheologie bezeichnet werden: der sogenannte religionstheologische Exklusivismus, Inklusivismus und Pluralismus.

Text in Anlehnung an: Klaus von Stosch, Komparative Theologie – ein Ausweg aus dem Grunddilemma jeder Theologie der Religionen?, in: ZKTh 124 (2002) 294 – 311; als Anregung: Ders., Komparative Theologie als Wegweiser in der Welt der Religionen, Paderborn 2012

1. Erläutert die im Text dargestellte Problematik der sogenannten „Theologie der Religionen“.
2. Gebt die Grundgedanken von Exklusivismus, Inklusivismus und Pluralismus wieder (s. AB 7b – 7d). Vergleicht anschließend in Partnerarbeit eure Ergebnisse.
3. Könnt ihr euch mit einer der genannten Positionen identifizieren? Begründet eure Antwort.

AB 7b Der Exklusivismus

Im religionstheologischen *Exklusivismus* wird der eigene religiöse Wahrheitsanspruch ernst genommen. Andere Religionen enthalten in dieser Lesart keine Wahrheit und stellen keinen Weg zur Erlösung dar. Die katholische Kirche hat lange Zeit die Auffassung vertreten, dass es außerhalb der (katholischen) Kirche kein Heil gibt (*extra ecclesiam nulla salus est*). Weil nach dieser Auffassung alle Menschen, die nicht den katholischen Glauben tragen, in der Hölle landen, wurde damit sogar gerechtfertigt, andere Menschen und Gläubige auch gegen deren Willen zu taufen oder sie als Feinde der Kirche zu verfolgen. Gestützt wurde eine solche Deutung auch durch ein wortwörtliches Bibelverständnis. Diese Art von Zwangsbekehrung mag uns in Europa sicherlich fremd erscheinen und widerspricht zudem der Verfassung vieler europäischer Länder. Aber auch heute noch wird die Annahme, es gebe nur eine einzige Wahrheit und die eigene Religion sei im Besitz dieser Wahrheit, vertreten und ebenso von nicht christlichen Religionen bzw. religiösen Traditionen oder Sekten als Argumentation genutzt, um Anders- und Nicht-Gläubige zu verfolgen oder zu vertreiben. Es ist nicht schwer zu erkennen, dass im Rahmen dieses religionstheologischen Grundmodells die Wertschätzung und Würdigung von Andersheit keinen Raum hat.

Text in Anlehnung an: Klaus von Stosch, Komperative Theologie als Wegweiser in der Welt der Religionen (Beiträge zur Komperativen Theologie, 6). Paderborn: Ferdinand Schöningh 2012, 62 – 87

AB 7c Der Inklusivismus

Der religionstheologische *Inklusivismus* betont wiederum, dass auch in anderen religiösen Traditionen Heil und Wahrheit existieren können. Die katholische Kirche hat mit dem zweiten Vatikanischen Konzil (1962 – 1965) und der Erklärung *Nostra Aetate* unterstrichen, dass sich in den großen Weltreligionen „Strahlen der Wahrheit“ finden lassen – auch wenn die Handlungs- und Lebensweisen, die Vorschriften und Lehren unterschiedlich sind und in manchem von denen christlicher Gläubiger abweichen.

Durch die Annahme, dass es auch in anderen religiösen Traditionen Funken oder Strahlen der Wahrheit gibt oder sie wichtige Hinweise zu Erlösung und Heil geben können, ist es dann auch angebracht diese Religionen wertzuschätzen. Damit kann der Inklusivismus scheinbar auch dem Würdigungsanspruch gerecht werden. Allerdings sind Würdigung und Wertschätzung strenggenommen nur entlang der jeweiligen Gemeinsamkeiten möglich, die als Hinweis und Vorbereitung auf die Wahrheit der eignen Religion gedeutet werden. Die eigene Wahrheit hat somit eine höhere Qualität und das Fremde bzw. Andere kann letztlich so immer nur als minderwertige Form des Eigenen verstanden werden.

Neben einer solchen *umfassenden* Form des Inklusivismus legt ein sog. *lernoffener* Inklusivismus nahe, dass es in anderen Religionen punktuelle Lernmöglichkeiten für die eigene Religion gibt. Gleichwohl ist auch hier der Bezugsrahmen für die Bewertung, welche anderen religiösen Inhalte nun anerkannt werden können oder müssen, die *eigene* Tradition. Entsprechend kann wirkliche Verschiedenheit und Andersheit auf der Metaebene nicht würdigend in den Blick kommen. In einer inklusivistischen Konzeption kann das Festhalten an dem eigenen religiösen Wahrheits- und Unbedingtheitsanspruch also ohne Abstriche gelingen; eine Wertschätzung bzw. genauer, eine nicht negative Wertung Andersgläubiger und anderer Religionen *in ihrer Andersheit* scheint im Inklusivismus aber ausgeschlossen.

Text in Anlehnung an: Klaus von Stosch, Komperative Theologie als Wegweiser in der Welt der Religionen (Beiträge zur Komperativen Theologie, 6). Paderborn: Ferdinand Schöningh 2012, 87 – 131

AB 7d Der Pluralismus

Der religionstheologische *Pluralismus* geht nun schließlich davon aus, dass Heil und Wahrheit in allen Weltreligionen in *gleichwertiger* Weise vermittelt werden. Vertreterinnen und Vertreter einer pluralistischen Religionstheologie argumentieren, dass Wahrnehmung eine Aspektwahrnehmung und jede Deutung des Wirklichen immer schon perspektivisch und kontextabhängig ist. Auch die Erfahrung des Göttlichen oder Unbedingten ist immer eine *„Erfahrung-als“*. Begründet wird diese Annahme, dass das *„An-sich-Sein“* des Göttlichen jenseits aller begrifflichen und formalen Erkenntnisreichweite des Menschen liegt. Entsprechend sind alle Perspektiven auf das Göttliche, jede Wahrnehmung des Wirklichen, sogenannte *Aspekt*wahrnehmungen. Dann aber können prinzipiell auch unterschiedliche Beschreibungen und Begriffe wie eine Linse, die je nach kultureller Beeinflussung geschliffen ist, einen (je unterschiedlichen) Teil des Wirklichen erfassen und betrachten. Die Religionen lassen sich daher verstehen als Verkörperungen unterschiedlicher Wahrnehmungen dieses Wirklichen sowie unterschiedliche, die kulturellen Formen des Menschseins wiedergebende Antworten auf seine Existenz.

Problematisch ist bei dieser intuitiv sympathischen Position jedoch, dass eine pluralistische Lesart den Wahrheitsanspruch religiöser Traditionen relativiert und das Selbstverständnis vieler religiöser Menschen damit nicht ernst nehmen kann. So ist die pluralistische Argumentation z. B. nicht mit dem christlichen Verständnis der Offenbarung als realsymbolisch vermittelte Selbstmitteilung Gottes vereinbar, oder muss christologische Aussagen in inakzeptabler Weise umdeuten. Schwierig ist zudem, dass die Würdigung von Andersheit nur unter den Vorzeichen einer generalisierenden Deutung von Religionen als Heils- und Wahrheitscontainer gelingen kann. Zugleich entsteht die Frage, ob alle Religionen und religiösen Traditionen Wahrheit enthalten bzw. welche Kriterien existieren, um zu unterscheiden ob in einer Religion Erfahrungen des Unbedingten oder Göttlichen gemacht werden können oder nicht.

Text in Anlehnung an: Klaus von Stosch, Komperative Theologie als Wegweiser in der Welt der Religionen (Beiträge zur Komperativen Theologie, 6). Paderborn: Ferdinand Schöningh 2012, 22–61

AB 8 Was ist das „Projekt Weltethos“?

Damit ein gutes und konstruktives Zusammenleben möglich ist, benötigen alle menschlichen Gemeinschaften eine Basis an Grundwerten, die sie teilen. Das gilt für die Familie, die Schule oder das Wirtschaftsunternehmen genauso wie für die Gesellschaft im Allgemeinen. Heute, in Zeiten des Internets, einer global agierenden Politik und Wirtschaft und zunehmend multikultureller Gesellschaften, braucht es einen Grundkonsens über Werte und Normen, der unabhängig von Kultur, Religion oder Nationalität gilt.

Die Idee eines Weltethos geht zurück auf den katholischen Theologen Hans Küng. Bei seinen empirischen Forschungen rund um den Globus stellte er fest, dass allen Weltreligionen und philosophisch-humanistischen Ansätzen bereits grundlegende Werte- und Moralvorstellungen gemeinsam sind. Die Goldene Regel beispielsweise, nach der man sich seinen Mitmenschen gegenüber so verhalten soll, wie man selbst behandelt werden möchte, findet sich in allen Traditionen wieder. Ebenso die Forderung, dass alle Menschen menschlich behandelt werden müssen, und Werte wie Gewaltlosigkeit, Gerechtigkeit, Wahrhaftigkeit sowie Partnerschaft von Mann und Frau. Für unsere globale Gesellschaft muss ein solcher gemeinsamer Wertekanon also nicht erst entwickelt werden, denn er existiert bereits: Wir nennen ihn „Weltethos“. Jedoch muss dieser Wertekanon immer wieder neu bewusst gemacht, gelebt und weitergegeben werden.

1995 gründete Hans Küng die Stiftung Weltethos, um sein „Projekt Weltethos“ voranzutreiben. Dieses Projekt beinhaltet eine ethische und eine interreligiöse Dimension. Einerseits geht es darum, ein Bewusstsein für grundlegende gemeinsame Werte in allen Teilen der Gesellschaft zu schaffen, um ein friedliches und respektvolles Miteinander zu verwirklichen. Dies ist jedoch heutzutage nur Kultur und Religionen übergreifend möglich, weshalb ein Orientierungswissen über andere Kulturen und Religionen sowie interkulturelle und interreligiöse Verständigung ebenso wichtig sind. In diesem Sinne engagiert sich die Stiftung Weltethos mit verschiedensten Projekten in allen Lebensbereichen für interkulturelle und interreligiöse Forschung, Bildung und Begegnung.

Stiftung Weltethos, Was ist Weltethos?, www.weltethos.org/was_ist_weltethos/ (25.04.2019)

1. Beschreibt in eigenen Worten, um was es sich bei dem „Projekt Weltethos“ handelt.
2. Stellt die grundlegenden Prinzipien des Weltethos dar. Folgt dazu folgendem Link: www.weltethos.org/1-pdf/10-stiftung/declaration/declaration_german.pdf.
3. Beurteilt gemeinsam die Notwendigkeit und Umsetzungsmöglichkeit eines Weltethos.

AB 9 Braucht es die Zehn Gebote wirklich? Ein Bildvergleich

Udo Lindenberg: Moses

Udo Lindenberg: Dach der Welt

1. Beschreibt und deutet das Bild „Dach der Welt“.
2. Vergleicht zunächst eure Ergebnisse miteinander und anschließend die beiden hier abgedruckten Bilder. Welche Gemeinsamkeiten, Unterschiede oder Besonderheiten fallen euch auf?
3. Erörtert auf Basis der vergangenen Unterrichtsreihe die Bedeutung der Zehn Gebote für das menschliche Zusammenleben.

Verzeichnis der Autorinnen und Autoren

Michael Fresta
geb. 1982, Dr. phil., Fachseminarleiter für Katholische Religionslehre am Zentrum für schulpraktische Lehrerausbildung Aachen, Studienseminar GyGe

Volker Garske
geb. 1966, Priv. Doz. Dr. phil. habil., Dozent für Religionsdidaktik am Institut für Katholische Theologie an der Universität Paderborn; Privatdozent der Universität Vechta

Tamara Guggenheim
geb. 1960, M.A., Leitung Jüdischer Religionsunterricht der Jüdischen Gemeinde Düsseldorf

Naciye Kamcili-Yildiz
geb. 1972, islamische Religionspädagogin am Seminar für islamische Theologie an der Universität Paderborn mit dem Arbeitsschwerpunkt Interreligiöses Lernen

Lukas Konsek
geb. 1988, wissenschaftlicher Mitarbeiter am Lehrstuhl für Religionsdidaktik am Institut für Katholische Theologie an der Universität Paderborn und Lehrkraft für die Fächer Katholische Religionslehre und Geschichte an Gymnasien und Gesamtschulen

Lisa-Marina Krüger
geb. 1990, Studierende für das Lehramt an Gymnasien und Gesamtschulen für die Fächer Kunst und Geschichte an der Universität Paderborn

Rosa Rappoport
geb. 1979, M.A., Jüdische Studien, Religionslehrerin und Koordinatorin des Faches Jüdische Religionslehre für den Landesverband der Jüdischen Gemeinden von Westfalen-Lippe

Jan Woppowa
geb. 1974, Dr. theol., Professor für Religionsdidaktik am Institut für Katholische Theologie an der Universität Paderborn